国际贸易专业创新创业教学研究与改革探索

卢洪雨 著

RESEARCH AND REFORM EXPLORATION OF INNOVATION AND ENTREPRENEURSHIP TEACHING IN INTERNATIONAL TRADE

浙江工商大学出版社 | 杭州
ZHEJIANG GONGSHANG UNIVERSITY PRESS

图书在版编目（CIP）数据

国际贸易专业创新创业教学研究与改革探索／卢洪雨著. —杭州：浙江工商大学出版社，2018.8
ISBN 978-7-5178-0318-8

Ⅰ．①国… Ⅱ．①卢… Ⅲ．①国际贸易－教学研究－高等学校②国际贸易－教学改革－高等学校③外贸企业－企业创新－教学研究－高等学校④外贸企业－企业创新－教学改革－高等学校 Ⅳ．①F74②F276

中国版本图书馆 CIP 数据核字（2018）第 219184 号

国际贸易专业创新创业教学研究与改革探索
GUOJIMAOYI ZHUANYE CHUANGXINCHUANGYE JIAOXUE YANJIU YU GAIGE TANSUO

卢洪雨 著

责任编辑	唐慧慧　谭娟娟
封面设计	林朦朦
责任印制	包建辉
出版发行	浙江工商大学出版社
	（杭州市教工路 198 号　邮政编码 310012）
	（e-mail：zjgsupress@163.com）
	（网址：http://www.zjgsupress.com）
	电话：0571－88904980，88831806（传真）
排　版	杭州朝曦图文设计有限公司
印　刷	杭州五象印务有限公司
开　本	710mm×1000mm　1/16
印　张	10.75
字　数	129 千
版 印 次	2018 年 8 月第 1 版　2018 年 8 月第 1 次印刷
书　号	ISBN 978-7-5178-0318-8
定　价	39.00 元

本书的出版得到以下项目的资助：

· 教育部人文社会科学研究规划基金项目"本土民营跨国公司的培育和监管:以浙江为例"(16YJAZH041)

· 浙江省高等教育课堂教学改革项目"'外贸企业创业与运作'开放交互式教学模式研究"(kg20160148)

· 浙江工商大学省级及以上教学平台自主设立校级教学项目"文化与'国际贸易实务'教学改革"(1050JF2310001P-007)

前　言

本人自 1999 年到浙江工商大学国际经济与贸易（简称国际贸易）系工作，至今已是第 20 个年头了，其间从个人角度，经历了从普通老师到系室主任和课程负责人的角色转变；在国际贸易系，见证国际贸易学术硕士点获批、拿下国际商务专业硕士点、参与国际贸易博士点的建设；在学校，感受了从杭州商学院到浙江工商大学的历史性转变；在宏观层面上，亲历了中国对外贸易20 年发展的风风雨雨，其间既有中国入世、与东盟等的自由贸易区建成、成为全球第一大货物贸易国、外贸新业态崛起等重大喜讯，也遭遇了金融危机、"双反"调查、中美贸易战等诸多冲击，中国对外经贸领域中发生的重大事件或案例数量极多，其中部分具有很高的科研和教学应用价值。多变的国际环境和实践做法，也对国际贸易专业的科研和教学提出了更高的要求。

20 年来，本人一直坚守在国际贸易的教学和研究岗位，也从未停止对创新创业教学研究和改革的探索，本书是本人 20 年来对国际贸易专业创新创业教学改革和实践探索的总结。

全书分为三篇：第一篇为课程建设，主要内容是针对主讲的三门本科课程和三门研究生课程，总结每一门课程的教学改革、探索方法和成绩，其中"外贸企业创业与运作"是 2008 年创新性

I

开设的专业创业课程，"文化与国际经贸"则是2018年刚刚列入国际贸易学术硕士培养方案的选修课，课程内容新颖原创；第二篇是创新创业篇，其中第五章为国际贸易专业本科生创新创业教育改革总体实践，第六章是对国际商务专业硕士教学改革的反思，第七章是对来华留学生教育发展的思考；第三篇为团队建设篇，分为师资队伍和学科建设两章。 全书三篇，从六门单独课程的教学改革入手，再行探讨国际贸易本科创新创业教育改革实践内容，到对国际商务专业硕士和来华留学生教学的反思，最后通过阐述教师团队和学科建设的方法和成绩，诠释了一个地方财经类院校国际贸易专业本科和研究生创新创业教学改革和实践的模式。

　　20多年的工龄，本人可以称得上是老教师，也是一个老学生。 在多年的教学改革实践中，本人深感教学改革是一个系统工程，需要课程改革实施者、研究者、评价者管理者和社会各界人士的协同努力，需要在实践中不断探索完善。 还记得2011年开始每年要请两个专家办讲座，当时学校尚未出台配套政策，国际贸易系也没有任何经费，经济学院院长非常支持，立刻给予经费报销；当时浙江工商大学和浙江工商大学杭州商学院的学生分处下沙校区和教工路校区两地，外勤专家想合并请一次，学院行政二话不说就帮忙联系大客车接送学生往返；每次外请专家讲座的海报，都是学办无偿提供并安置妥当的；2008年准备开设"外贸企业创业与运作"课程，是国际贸易系老师集体讨论的成果，并共同商定了课程的初步内容和教学安排……类似案例数不胜数。 因此，回过头来看，国际贸易专业创新创业教学改革和实践所取得的些许成绩，都离不开经济学院历任领导、学院行政、教务、研究生、学办、团委的大力支持和国际贸易系同仁的鼓励和帮助。 在此一并表示诚挚的谢意！

　　书中不妥之处，敬请专家和同行批评指正！

卢洪雨

目录
Content

第二篇　创新创业篇

第一篇
课程建设篇

2018年6月，改革开放近40年来教育部首次召开本科教育会议，会议明确指出：人才培养是大学的本质职能，本科教育是大学的根和本，在高等教育中是具有战略地位的教育、是纲举目张的教育。要把人才培养的质量和效果作为检验一切工作的根本标准，要回归常识，围绕学生刻苦读书来办教育，引导学生求真学问、练真本领。要回归本分，引导教师热爱教学、倾心教学、研究教学，潜心教书育人。

课程是高校本科和研究生教育中最基础、最重要的构成部分，持续的课程建设是保证和提升教学质量的重要基石。课程建设要从学校的定位和专业的要求出发，根据课程的特点，结合任课教师的教学理念、教学风格和改革方向而定。

浙江工商大学的本科教学理念以"立德树人"为根本任务，坚持"专业成才、精神成人"的人才培养理念，致力于培养具有"大商科"特色的应用型、复合型、创新型高层次人才。

国际贸易专业本科学生的培养目标定位于适应社会主义市场经济需要，德智体美全面发展，具备经济、管理、工程、法律及相关学科知识和能力，掌握国际贸易理论和国际经济规则，具有国际视野和创新精神，具备能解决国际贸易实际问题能力，能在涉外企事业单位及政府部门从事国际经贸业务及相关的管理、研究、教学等工作的复合型高级专门人才。

国际贸易专业的人才培养目标充分体现了学校的"大商科"人才培养特色，以"应用型、复合型、创新型人才培养目标"为指导，所制订的人才培养方案中特别重视对学生应用能力和创新精神的培养，是学校人才培养总目标在本专业中的细化和深化。

综合学校本科教学理念和国际贸易专业定位，与大多数高校一样，我校国际贸易专业中最贴近实际、专业性和应用性最强的课程是"国际贸易实务"和"国际贸易模拟实验"；而与其他高校不同的是，我校早在 2011 年开出"外贸企业创业与运作"课程，类似专业创新创业的课程至今在其他高校的国际贸易专业中仍非常少见。

第一章 ——
国际贸易实务

在所有应用型普通高校的国际贸易专业中，"国际贸易实务"无疑是所有以进出口企业为代表的用人单位最为重视的一门课程，通常也是学生非常喜欢并且高度看重的一门课程。作为一门直接指导学生毕业后外贸实践的专业课程，提高教学质量一直是任课教师孜孜不倦的目标。

第一节 课程建设成绩：从校、省到国家级精品课程

浙江工商大学的国际贸易专业始建于 1989 年，为浙江省最早开设的国际贸易专业之一。近 30 年来，几代教师持续奋斗，将"国际贸易实务"课程从校级精品课程逐步建设为省级、国家级精品课程。

第一阶段:1989 年至 1993 年,课程建设的起步阶段

我校很早就配备了系统的教师队伍,而且在课程建设的初期就以国内一流财经院校的课程建设为标准,强调课程内容体系、课程辅助教学体系、教学方法的高起点,在浙江省内树立了良好的声誉,获得了省内同类院校的高度好评。 我校国际贸易系的教师在完成本校的教学任务后,先后为浙江大学、浙江工业大学、树人大学等兄弟院校承担了国际贸易实务课程的教学。 在这一阶段,虽然我校国际贸易实务课程教学起步较早,但起始的国际贸易实务教学仍显单一刻板,活力不够,与预想存在一定的差距。 为此我校自 1991 年以来,开始着手准备"国际贸易实务"教学改革工作,先后调研了上海财经大学、上海对外贸易学院、对外经济贸易大学等国内一流大学的课程建设,吸取了不少有益的经验。 多位教师先后参加了对外经济贸易大学、上海对外贸易学院等院校的课程培训。

第二阶段:1993 年至 2002 年,课程体系的改革升级阶段

1993 年,以杭州商学院国际贸易系正式招收国际贸易本科生为标志,国际贸易实务课程开始了改革升级之旅。 这一阶段的课程建设的重点主要为在巩固课程教学内容体系的基础上,提升课程辅助教学体系的质量,强化国际贸易实务课程的基础支撑。 这一阶段教师在各个国际贸易专业公司、银行、运输公司、海关、保险公司、商检机构等实务部门的大力协助下,构建了以纸质材料为基础的国际贸易模拟实验的教学内容体系,该教学内容体系的实施使得学生能在足不出户的情况下,系统完成从商务谈判到办理国际贸易运输、保险、商检、单证制作、审单审证等各国际贸易环节的操作,取得了良好的教学效果。 这一教学改

革受到了学生以及用人单位的好评。 以纸质材料为基础的"国际贸易实务模拟实习教学"获得了 2002 年浙江省优秀教学成果二等奖。 国际贸易实务辅助教学体系建设的另一内容为在浙江省的国际贸易实务界聘请了一大批兼职教师,这批教师的工作单位与课堂教学的各环节相对应,每年定期为我校国际贸易专业学生做专题讲座,有效地解决了课堂教学与实际脱节的问题,也增强和改善了理论教学。

第三阶段:2003 年至 2005 年,校级精品课程的建设阶段

2003 年国际贸易实务课程被评定为校级精品课程,我校开始着手校级精品课程的建设,在巩固课堂理论教学的同时,着重完善国际贸易实务课程的实验环节,从传统的纸质向电子化方向发展,用上海对外贸易学院的 TMT 等软件替换了使用多年的纸面模拟实习系统,在教学手段的现代化方面取得了进展。 这一阶段的主要任务是努力建设国际贸易实务课程所需要的实验环境,国际贸易实验室建设取得较好的成效。 2003 年建设的电子贸易实验室被评为"省级教学实验示范中心",获得了国家财政部 100 万元的拨款,教育厅 200 万元的拨款,学校配套资金 88 万元。 实验室配有先进的硬件设备、多种国际贸易模拟实验教学软件、外语教学软件等,为学生缩短理论与实践的距离提供了优越的仿真环境,增强了学生解决实际工作问题的能力。

第四阶段:2005 年至 2010 年,省级精品课程的建设阶段

2005 年国际贸易实务课程被评为省级精品课程,我校开始着手省级精品课程的建设,这一阶段的主要任务为创新教学内容、优化理论教学的辅助材料、着手精品课程的网站建设。

课堂理论教学方面，在多年沿用对外经济贸易大学国际贸易实务教学体系的基础上，我校开始部分借鉴上海对外贸易学院国际贸易实务的教学经验，实现两者的兼收并蓄。 在这基础上，着手国际贸易实务课程的课堂外教学材料建设，鼓励教师把部分科研重点放在围绕国际贸易实务课程建设方面，克服科研考核的功利思想，把科研为教学服务放在首位。 这一阶段我们始终把课程的教学辅助材料建设作为课程建设创新的一个亮点，2009年出版了国际贸易实务的习题集，取得了良好的绩效。 同时国际贸易实务精品课程的网站也在日益完善。 2007年在教育厅省级精品课程建设的终期验收中，国际贸易实务精品课程建设受到专家的高度肯定，被评为优秀等级。

第五阶段：2010 年至今，国家级精品课程的建设阶段

2010 年国际贸易实务课程被评为国家级精品课程，我校开始着手国家级精品课程的建设，这一阶段的主要任务为持续创新教学内容、凝练并加强自身特色、完善并推广精品课程的网站，根据具有地方特色的培养目标，调整教学内容和模式，凝练并加强自身特色。 自编课程教材已经撰写完成，即将出版。 在课堂教学中，推广使用课程网站，在不断完善网站的过程中尝试引入翻转课堂、微课、慕课等新兴教学手段和方式方法，提高学生的学习兴趣和效率。 2013 年国际贸易实务课程被评为国家级精品资源共享课，在全国范围推广应用，目前课程网站显示学习人数超过 13400 人。

第二节　实务和研究并重的教学改革

一、课程目标精准定位

课程目标直接定位于为浙江省中小民营企业培养熟悉各类国际经贸规则，精通中小企业环境下的进出口实务操作，具有创新、创业精神的应用型国际贸易人才。 鉴于学校位于中国的外贸大省——浙江省，省内活跃的民营企业是全国乃至全世界闻名的，而浙江省大量的中小型民营企业也在浙江省国际贸易中占据绝对主力的地位，其对外贸人才的要求是能力全面、能综合把握进出口整体业务的应用型人才，其中同时具备创新创业能力的人才在社会上的需求则更为强烈。 考虑到服务地方经济的主要办学目的，课程的教学主要定位在为浙江省中小民营企业培养精通中小企业环境下的进出口实务全过程操作，具有创新、创业精神的应用型国际贸易人才，既了解相关进出口法律法规贸易惯例，通晓进出口双方基本责任义务，又具有进出口合同谈判、合同条款起草，以及具体操作能力的人才，不仅必须掌握国际经贸方面的基本原理、基本知识和基本技能，而且还应具有开拓创新能力、驾驭市场的能力和善于应战与随机应变的能力。

为此，其后的实践教学环节不仅包括传统的单笔业务操作，还适当增加了外贸业务管理，外贸业务操作和管理的融合更能适应中小外贸企业的需要。 增开外贸企业创业与运作管理、外贸企业风险管理、创新实践等课程，完善了学生在创新创业方面的知识结构，提高了学生创新创业的能力和积极性。

二、教学内容调整以适应实践需要

在国际贸易实务课程中，教学内容调整突出进出口实务全过程操作，强调创新创业能力的培养。主要做了以下工作：

一是在理论教学中增加对业务流程整体把握的课时数量，根据现有教材的不足，补充介绍如何选择外贸产品、国际市场分析与定位、选择进入方式和目标客户、交易磋商和履行、贸易纠纷处理等内容，使学生具备扎实完整的业务素质和能力。

二是大量补充实践中急需而教材中缺乏的内容，修改其中错误的、过时的内容。国际贸易实务是实践性极强的课程，外贸实践经常会根据国内外政策、形势、市场的变化，做出相应的调整，而教材的内容远远落后于实际。如近两年兴起的外贸新业态，包括跨境电子商务、市场采购、外贸综合服务平台，在我国对外贸易转型发展过程中，被政府和业界寄予厚望，但是在现有教材中都没有出现。因此教学过程中，作为熟悉、了解外贸一线工作的教师，必须根据专业实际的变化，对教材的内容做出适当的删减和补充。

三是增加文化差异模块内容。国际贸易专业的学生毕业后要做好国际贸易或者其他的国际商务活动，除了要掌握扎实的理论基础和专业知识，了解、熟悉并熟练运用对方的文化也是非常重要的，甚至比掌握专业知识更加重要。一个成功的国际贸易的商人，或者是国际投资者，或者是国际企业经营者，他对国际文化差异的把握和对对方文化的把握一定是非常到位的。如果在文化这个方面比较欠缺的话，那么学生以后从事进出口的工作，或者是国际商务的其他方面的工作，容易面临比较大的障碍。但是目前在国际贸易专业中，让学生了解国际文化差异的课程几乎没有，也基本没有学校在做这样的事情。我们创新性地加入文化差异比较模块的知识，科学编排、创新总结文化差异比较的教学内容，以适应国际贸易专业工作的需要。目前安排20多个文化主题，教学内容从实际出发，经内部多次讨论并与外贸企业创业者、管理者、业务员多次协商而定。

通过加入文化差异模块，首先能让学生在国际贸易中了解、理解并正确运用对方文化，好的文化运用手段对于提高效率、降低企业和社会成本有利。其次能让学生思考并探索：如何将对方文化中的精华为我所用？如何将中国的文化推广到国外？最终，让学生对"国际贸易实务"课程的学习更加主动、持续，自发了解并关注现实领域发生的重要问题和基本情况。目前已经完成两轮教学实践，教学效果非常好，学生反馈均给予高度肯定，学生教学评估分给出了100分的满分。

三、创新教学模式

着眼于交互式教学，整个课程教学充分运用参与式、启发式、探究式、讨论式等教学方法，增加课堂讨论、案例分析、课后小组讨论、大型作业、课内学生发言的次数和分量。培养学生从发现问题、分析问题到解决问题及总结表达的综合实力，提升团队协作能力，学习的自主性和创新性得以提高，提升所学知识的实际运用能力。

项目教学法贯穿教学过程。课程开始就让学生自由选择进出口的方向和具体的产品，并将相同或类似产品归为一组。随着课程的进展，每讲完一个贸易合同条款，就要求学生结合自己所选的产品，拟出相应的条款，并在组内互相评议、教师总结评价。这样课程结束的时候，学生会起草完整的合同条款。

情景导入和模拟开启教学之旅。每次课前通过一个实际案例或者是专业领域的时事新闻，引入授课内容，提高学生的听课兴趣和学习主动性。 如结合全球第七大集装箱运输公司、韩国第一大班轮公司韩进海运的突然倒闭，让学生站在进出口商的不同角度讨论运输途中货物的处理；讲贸易术语的性质和作用，会请两个同学模拟进出口双方，就价格进行谈判，通过教师的点评加深同学的理解。

研究性学习与合作性学习串起课堂内外。 在教学中安排大量研究性学习和合作性学习的内容，要求学生积极参与案例分析、小组讨论与大型综合性作业，这些教学素材来源于实践，很多是教师自己从企业实际案例中汇总、总结完成的。 此外，还要求学生分小组寻找来自企业实际的国际贸易案例，案例必须是真实的、有"知识产权"的，并就真实的案例进行详细的分析和探讨。 每次课堂上会布置一个实务类作业和一个文化主题作业，每次上课用 5 分钟时间介绍一个与国际贸易相关的文化主题并出题，要求学生课后查找资料进行拓展。 两类作业一般是在教材上找不到答案的，而且是需要深入思考的，比如：为什么有时候做国际贸易运输的时候，不收运费甚至会倒贴（即所谓的零运费和负运费）？ 为什么中国进口越多的时候价格越贵，而出口越多的时候价格越便宜？ 为什么中国生产的同样产品在美国和欧盟卖得比在中国卖得便宜？ 小费文化在国际贸易和国际商务中有何借鉴价值？ 每周两次课后，学生可以自由选择实务类和文化主题题目各一，以小组为单位完成。 下一周上课安排有精彩观点的小组将内容做全班分享，要求完全脱稿。

形成性考核体现平时价值。 目前平时成绩占 50%，由十多次书面作业成绩、讨论课发言、平时课堂表现、随堂小测和课程论文五方面构成；期末成绩占 50%，目前为闭卷考试。 后期拟进一步降低期末考试所占比例。

四、网络技术逐步应用推广

通过国家级精品资源共享课的建设，课程辅助教学网站日趋成熟，已成为课程教学的重要辅助平台。经过精心的规划和准备，2013 年国际贸易实务课程辅助教学网站正式开通和使用。通过整合师资力量，发挥教学专长，将已具规模的大型资源库放到网上并向学生免费开放，教学资源库主要包括：课程介绍、大型案例库、与教材配套的大型习题库、教学视频、教学课件（PPT）和其他多媒体资源等。教学网站还提供了重要的互联网资源链接，包括对外经贸主管部门、重要的国际经济组织和主要国际贸易论坛等。网站内容更新及时，运行稳定，除了为学生提供了大量的外贸信息和教学资源，以便让学生免费下载和获取相关的课程资料，包括课件、教学大纲、参考资料和习题集等，还建立了互动的交流讨论空间，成为教师之间、师生之间和学生之间的教学交流平台，已经成为课程教学的重要辅助平台。丰富的教学资源开拓了学习视野，使教学过程活泼生动，加深学生对知识点的理解和消化，提高学习兴趣和教学效果。

用问卷星等互联网方式完成课堂小测。题量和时间可以灵活控制，自动阅卷提高教学效率，是非常好的教学辅助手段。以后可以增加小测和点名的次数，让同学及时复习，更好且系统地掌握专业知识。

五、理论与实践完美结合的教学队伍

国际贸易系与一批来自国际贸易一线的企业与相关部门的资深从业人员建立了长期的联系，并择优选择部分作为外聘教师。理论界的教授和外贸行业的"教授"结合，形成了理论与实践完美结合的教学队伍，为充分达到国际贸易实务这一实践性极强课程的教学效果，奠定了坚实的基础。外聘教师不仅对课程建设提出宝贵意见，每学期也要定期给学生做一些相关的讲座，我们还经常邀请国内外著名的国际贸易专家和学者以及在对外贸易领域经验丰富的企业家就自己的学术专长或实践经验开设讲座。从实践效果来看，这些"外脑"的讲座或传递最新理论研究动态，或介绍国际贸易实践，或就国际贸易热点及难点展开评述，等等，大大丰富了教学内容，开拓了学生的视野。

通过鼓励主讲教师定期去国际贸易相关企业交流，增加教师的实践经验，并获取行业的最新动态，不断更新教学内容，从而使教学与实践达到统一；同时，在实践和教学的过程中，教师撰写了大量与教学相关的论文，如"对我国产品出口非正常低价现象的探讨""外贸流通企业能否实行'免、抵、退'""一起无单放货的海上货物运输纠纷分析""国际信用证欺诈的新特点及相关对策""EXW 贸易术语与专业市场出口贸易风险规避"等。这些论文从实践中来，又应用于教学，从而达到实践、教学和科研的良好互动。

用人单位普遍反映我们的学生动手能力强，上手快，很多学生半年后即可独当一面。

六、实习基地建设巩固教学效果

在培养计划中重视外贸认识实习环节，学院已经与部分外贸企业合作，建立了一大批实习基地。通过课程教学、课程设计与企业认识实习 3 个环节相结合的方式，解决了本课程传统教学中对学生能力培养的忽视问题。国际贸易模拟实战作为课堂教学和社会实践的中间桥梁，理论联系实践，提高学生综合业务素质，培养创业精神，同时为毕业实习打下了良好的基础。

第二章
外贸企业创业与运作

　　"外贸企业创业与运作"课程，是浙江工商大学国际贸易系2008 年基于当时浙江省外贸领域的创业高潮而创新性设立的。开设国际贸易专业领域的创业课程，在当时是非常有挑战性的，因为没有任何可以参考的教材，即使是在 10 年以后的 2018 年，这一课程仍然非常新颖，只有个别高校开设跨境电子商务课程，有关外贸企业创业的课程很少见。

第一节　2008 年课程开设的背景和建设成果

一、2008 年课程开设的背景

　　过去，人们一直以为创业精神与生俱来，而创业能力则来自实践。随着对创业是行为而非特征的认识深入，人们发现，创业及其相关内容是可以传授的，创业教育项目能改变受教育者的创业意向。 通常认为，创业动机、创业机会和创业技能 3 个方面共同决定了人们的创业精神，而这 3 个方面都是可以通过教育来提高的。发达国家非常重视创业教育。 1947 年，哈佛大学商学院开出美国大学第一门创业教育课程。 20 世纪 80 年代，以比尔·盖茨为代表的创业者掀起一场"创业革命"，美国高校的创业教育迅速发展，并将创业教育纳入大学的正规教育。 在 20 世纪 70 年代，全世界只有 16 所大学进行创业领域的教学活动。 到 20 世纪 90 年代，全球共有 1050 个学校开设创业课程，如今，全世界从事创业教育的大学超过 1600 所，开设课程超过 2200 门（Hisrich，2005）。

20 世纪 80 年代末，世界经济合作和发展组织的专家柯林·博尔提出未来人应获得三本教育护照：第一本是学术性（基础文化知识）的；第二本是职业性的；第三本是证明个人事业心和开拓技能的。

创业教育的理念在我国始于 1989 年。 当年，面向 21 世纪教育研讨会在我国北京召开，会上正式提出"第三本教育护照"的概念，即"创业教育"的概念，要求把事业心和开拓技能教育提到目前学术性和职业性教育同等重要的地位。 创业教育的内涵是培养事业心和开拓技能的"工作岗位的创造者"，而非传统的"求职者"概念。 在高校里开展创业教育，就是要使学生树立创业意识、创业精神，掌握创业的本领、方法，培养学生克服困难、承担风险的心理、意志和实干精神，使学生能够适应各种社会环境，成为一个智者、强者而不是弱者，毕业后能够大胆地走向社会，自我创业。

2002 年 4 月，教育部高教司在北京召开普通高校创业教育试点工作座谈会后，中国高校才逐渐开始了创业教育的探索。 然而，2008 年我国高校在创业课程教学中至少面临以下 3 个方面的问题。

1. 对创新创业教育重视不够

2014 年李克强总理首次在公开场合提出"大众创业、万众创新"的号召，之前重视创新创业教育的高校不多。而应用型本科高校完整的专业教育课程体系是开展创新创业教育的基础和前提，创新创业教育必须在专业教育的基础上才能更好地发展。但在许多本科院校中，由于历史传统的原因，大学生创新创业教学并未得到充分重视，创新创业教育一直处于边缘化和非主流的地位，尚未纳入主流教育体系。

2. 专业教育与创业教育相互独立

大多数学校开设创业导论之类的课程，基本适合所有专业，缺乏对具体专业的联系和指导，而不同行业的差别巨大，创业则必须在某一领域内发展。而当时专业教育和创业教育仍相互独立，两者缺乏紧密的融合。国际贸易专业本质上就是培养如何与各国各地区商人进行国际贸易、国际投资的人才，该专业的实践性和特殊性，决定了在授课过程中纳入创新创业教育十分必要。当时高校的国际贸易专业教育仍然是以实务性操作和基础性理论知识为引导，侧重于如何进行操作。尽管一些专业教师已经意识到这点，从实验课程的设置、实操环境的模拟、实训基地的建立等方面尽可能培养学生的创新创业能力，但受限于时间和环境的约束，学生仍然难以将专业知识与创新创业相结合。

3. 缺乏相应的复合型师资力量和相应教材

在国外，讲授创业教育课程的教师大多都有创业或投资的经历，熟悉企业的运营。但在中国，即便高校的师资在知识更新和学历层次上已经得到很大的提升，但在已开设创业教育课程的多数高校中，授课教师也多是学术专家出身，缺乏创业经历和实践能力，而校外创业导师在具体课程中参与不足。 教师在教育中承担着重要的角色，教师的教学水平直接关系到教育质量。当时从事创业教育的教师非常稀缺，国际贸易领域中既有国际贸易专业背景又在进出口领域进行过创业实践的教师几乎没有。

国际贸易领域内的创业具有很强的专业性，普通的创业教材根本无法适用。 但是由于缺乏相应的复合型师资力量，国内实践中也没有人写出国际贸易创业教材。

一方面是高校无法开出国际贸易创业课程，另一方面外贸领域的创业潮不断掀起高潮。 浙江省改革开放以来一直是民营经济强省，在国际贸易这个适合创业的领域表现尤为突出。 从1999年国家开始陆续放宽并于2004年最终取消企业出口经营审批权，浙江省民营企业出口增长迅猛，占全省出口的比重由1998年的8.9%急速上升为2007年的44.8%，2006年全国民营企业出口占比只有22.1%。 民营企业出口公司大部分是由原国有外贸的各层次外贸业务员离职创业而成，实践中对外贸创业人才的需求量巨大，而且业务出身的人在创办外贸公司以后，不仅迫切需要堵住原来企业能够轻易离职的漏洞，还要对整个企业的管理有较为全面和独到的认识和理解，而实际教学却远远不能满足现实需求。

基于此，我们尝试将国际贸易创业教育与专业教育相融合。一方面，人才的培养和教育离不开专业知识的教育，创业教育以专业教育为依托；另一方面，专业教育中融入创业教育会更好地激励学生的学习兴趣，将理论和实践更有效地衔接在一起。 目前看来，将创业教育融入专业教育体系是未来国际贸易教学发展的必然之路。

二、课程建设成果

基于浙江省对外贸易实践中对外贸创业和管理人才的巨大需求，我们于 2008 年修订国际贸易培养方案时增加了"外贸企业创业与运作"课程，考虑到课程的特点把开课时间定于大四上学期。该课于 2011 年在毕业班顺利开设，每年都吸引大量学生选修。

"外贸企业创业与运作"课程从无到有，历经近 10 年的努力建设，在学生创业和教学本身两方面都取得了一定的成绩。

1. 学生成功创业案例逐渐增多

作为创业课程，最直接也是最好的成果就是学生成功创业案例逐渐增多。"外贸企业创业与运作"课程从 2011 年开设到目前已有 7 届毕业生，每年都有不少学生在课堂中表现出创业的意向，少量学生毕业之后马上就开始创业，典型案例如下。

章同学，2008 级学生，该课程第一批受众，2012 年毕业即自行创建流通性外贸公司——杭州××贸易有限公司，以橡胶鞋为主要产品出口主打欧盟大超市，目前年出口额超过千万人民币。其间一直保持密切联系，咨询一些外贸具体业务、公司管理方面的问题。2015 年作为外请企业高管回校给同学开讲座，谈到创业、业务开展时表示很多技巧、内容是当年课上学来的。毕业即创业仅 3 年的同学，回校时开着自己赚钱买的奥迪，点燃了很多同学的创业梦想。

随着跨境电子商务的兴起，近期有越来越多的同学在亚马逊、速卖通、小红书等网络平台创业。

刘同学，2012 级学生，在校期间参加法国交换生项目，为后期创业选择印度同学作为合伙人奠定基础。2017 年在跨境电商日用品出口领域成功创立杭州××网络科技有限公司，作为专业的跨境电商公司，目前仍以销货作为公司主营业务，针对不同市场的特点推出重点运营产品。 目前注册了自己的商标，在美国亚马逊上设立了店铺，并在印度开设了海外仓，接着又把目光放到了东南亚。 创业作品"跨境电子商务第三方平台及独立网站运营——杭州××网络科技有限公司"，在浙江省2018年挑战杯创业实践挑战赛中获得金奖，在第四届浙江省"互联网＋"大学生创新创业大赛中获得银奖。

除毕业直接创业外，课程每次有两位外请专家、创业人士讲座，帮助学生积累外贸创业经验、提供学生专业实习机会。 对于绝大部分近期无力直接创业的同学，外请专家的讲座让他们了解外贸企业的创业和运作知识的同时，与企业高管近距离的接触也让部分同学获得了专业实习的机会，为今后就业和创业打下良好基础。 如2012级刘秀芬同学毕业一两年后回校开讲座，顺便在当时班里招了实习生，这些同学不仅得到实习机会，也成为后期参加创业大赛的骨干。

2. 教学有一定积累

"外贸企业创业与运作"作为国际贸易专业领域的创业课程，在普通高校国际贸易专业的培养方案中很少看到类似，近两年有少数高校开设跨境电子商务课程，这只是外贸创业的形式之一，而且大多从理论、技术和实际操作等方面探讨，较少涉及创业。

近十年来，"外贸企业创业与运作"课程探索出一套较为完整的、体系化的、切合国际贸易专业创业的教学内容和教学方法，并从实践中不断改进完善，较好地引导国际贸易专业学生创业。

此外，2016年申报的课题"'外贸企业创业与运作'开放交互式教学模式研究", 成功获批为浙江省高等教育课堂教学改革项目。 2017 年制作微课"外贸创业的形式", 荣获浙江省高校创业学院联盟首届创新创业课程微课教学比赛二等奖。

后期准备将"外贸企业创业与运作"课程的教学内容补充完善后, 出版相应教材。 完善"外贸企业创业与运作"课程的案例库建设准备工作, 待条件成熟后申报相关教学研究、改革项目。建设"外贸企业创业与运作"课程网站, 制作系列在线课程。

第二节 交互开放的教学改革创新

近期, 国家大力推进大众创业万众创新, 有关政策措施纷纷出台, 从地方政府到企业、学校积极响应, 而我国的高等教育法也明确指出: "高等教育的任务是培养出具有创新精神和实践能力的高等专业人才。"社会要求高校向学生开展创业教育的呼声越来越高, 对自主创业人才的需求越来越迫切。

长期以来, 我国大学人才培养的目标简单划分为研究型和应用型人才, 而教育观念上则认为大学生毕业面临的选择是就业、考研、出国, 没有将创业教育提高到与一般教育同等重要的地位, 因而培养出来的学生中具备创业精神和创业能力的实属凤毛麟角。 整个社会和家庭也缺乏对孩子创新精神与创业意识的培养教育, 而传统管理教育侧重于给学生传授一般大企业管理工作所需要的知识和技能。 由于缺乏创业教育的功能, 这种教育在一定程度上扼杀了学生的创业精神。 因此, 强化创业教育, 充实创业课程的教学内容、改进创业课程的教学方法、提高创业课程的教学效果, 对于大众创业万众创新国策的顺利实施具有非常重要的意义。

"外贸企业创业与运作"课程是国际贸易专业领域的创业课程，由于当时属于创新性的创业课程，没有可以参考的教材和资料，即使是现在，在普通高校国际贸易专业的培养方案中也很少看到类似课程。因此这门课程的所有内容，包括课程内容的组织和编排，教学方法的安排和改进，都是从无到有，一点一滴积累起来。

一、创新性组织教学内容

作为一门几乎没有参考教材的课程，"外贸企业创业与运作"课程的模块和具体内容都是通过与很多外贸企业创业者经过多次商讨而定的。课程内容主要包括课程简介、外贸企业创业的基本条件、进出口产品和目标市场及客户的选择与定位、传统外贸创业模式——出口、传统外贸创业模式——进口、新兴外贸创业模式——跨境电子商务、外贸企业运作常见问题分析等部分。每一个部分里的内容，也大多是来源于外贸企业实践。由于没有合适的参考教材，教师通过自编讲义、自己制作PPT的方式替代教材。可以说，绝大部分的内容都是具有独创性的。（见表2-1）

表 2-1 "外贸企业创业与运作"课程的具体教学安排

序号	教学内容安排	课时
1	外贸企业创业的基本条件和创业机会识别	3
2	进出口产品、客户与市场的选择与定位	3
3	专题讲座:外贸企业创业(外请)	3
4	外贸企业创业模式(传统外贸出口)	3
5	外贸企业创业模式(传统外贸进口)	2
6	外贸企业创业模式(跨境电子商务)	4
7	讨论、案例分析	3

序号	教学内容安排	课时
8	外贸企业的运作要点	3
9	专题讲座:外贸企业运作管理(外请)	3
10	外贸企业创业与运作的常见问题分析	3

　　课程为 2 学分,30 课时,因为是毕业班,所以课程安排为 10 周,每周 3 课时。 全部 10 次课中,有 7 次为教师根据课程内容授课,有 1 次课堂讨论和案例分析,还有 2 次创业导师讲座。

二、打造专业教育与创业融合型的师资队伍

　　教师在任何教育中都起着关键的核心作用,要想取得课程教学的理想效果,必须打造专业教育与创业融合型的师资队伍。而我国高校的教师大都是从学校到学校,缺乏企业经历和经验,有创业经历的更少,也未接受过专业的创业培训实践锻炼。 因此,为打造一支高素质的具有创业教育能力的教师队伍,我们一方面鼓励教师直接参与创业实践或者到创业企业兼职,派国际贸易系教师去外贸企业进行相关培训,了解企业实际运行状态,学习管理方法和管理经验,掌握第一手资料,增加教师的创业实践和管理经验,以便更好地开展创业教育;为教师提供参加各类创新创业领域学术交流的机会,提升教师的创业素养;定期组织教师参加实践教学竞赛,进行创业实践教学成果讨论。 另一方面积极引入企业创业导师,充分利用校友、政协、民主党派等各种社会资源网络关系,聘请国际贸易相关企事业单位专业人员,或企业家和优秀的创业者担任指导教师,通过定期安排讲座等形式,为学生介绍创业知识和经验,传授创业技能。 让学生熟悉现实情况,了解实际案例,增加感性认识,通过互动环节的交流增强

创业指导的有效性、针对性。 同时，尝试选取符合条件的创业项目交由合适的创业导师全程指导。 通过校企双方的教育教学经验交流活动，打造专业教育与创新创业融合型的师资队伍。

三、创新教学形式

在现有教学形式的基础上，加入创新的教学形式，例如每轮两次的创业专题讲座、暑期实践模拟、与企业联合开展竞赛等多种方式。 鼓励和指导国际贸易专业的学生积极参加校内外、国内外的各种竞赛，如创业大赛、企业策划大赛、国际贸易业务模拟大赛，经济杯、希望杯和挑战杯竞赛，提升创业实践能力。

四、丰富教学方法和手段

在课堂上采用丰富多样的教学手段和方式，诸如通过研讨课、演讲课、案例分析、模拟演练、项目研究、角色扮演等方式，引导学生将创新意识、创业情感、创业兴趣融入课程学习和创业实践中。 同时上课形式多样化，进行启发式、讨论式、参与式、探究式、互动式教学，增加课堂讨论、案例分析、课后小组讨论、大型作业、课内学生发言的次数和分量。 培养学生从发现问题、分析问题到解决问题及总结表达的综合实力，提升团队协作能力，学习的自主性和创新性得以提高，提升学生对所学知识的实际运用能力。

每一轮都坚持请两位企业高管开设课堂讲座。 国有外贸企业的老总、民营外贸公司的董事长、生产型外贸企业的负责人、个体外贸创业者、跨境电子商务开拓者、风险投资人等国际贸易相关中高层人士，都在学校留下了与同学们侃侃而谈的美好记忆。 近几年我们尝试将本系成功创业的毕业生请回校开讲座，拉近学生与创业者之间的距离，增加学生对专业创业的兴趣。

基于创业课程的实践性要求，每一轮上课均安排一次讨论课，内容涵盖创业计划识别、创业团队组合、进出口产品选择、客户和市场及营销方式选择、外贸企业创业案例分析、外贸业务流程和岗位设置、人员考核、跨境电子商务分析等外贸企业创业和日后运作的主要工作。

为了提高教学效果，坚持小班化教学。本课程为 30 个学时的集中授课形式的课程，以创业能力培养为目的，课堂讨论、案例分析、课后小组讨论、大型作业等交互式教学手段的大量运用，需要少人数制的小班教学形式，使每个学生都能在有限的教学时间内得到充分的指导。

运用慕课和微课等最新的教学手段，为学生自主学习提供更加丰富多样的教育资源。在授课中注重培养学生的情商，培养和提高学生的创新创业意识和素质，培养战略眼光、沟通能力、协调能力、营销能力和决策能力，培养学生的批判性和创造性思维，激发创新创业灵感。

五、以多元化的形成性评价为考核方式

基于创业课程的实践性和创业项目的差异性，教学更强调运用知识分析问题及解决问题的能力。因此每次课堂教学之后都布置大型书面作业，以个人或小组为单位完成。工作量较大，需要联系实际，例如：如能自由选择进出口的方向和产品，你如何选择？请说明理由，阐明个人的优势和劣势，并分析该产品的未来市场前景（需要数据支撑），列明主要货源地和市场。

改革单一的学生成绩考核方式，由形成性考核和终结性考核代替。目前平时成绩占总成绩 50％，形成性考核由 4 次大型书面作业成绩、讨论课发言和平时课堂表现三方面构成；终结性考

核占总成绩 50％，以论文代替闭卷考试，内容可以是创业计划书、创业案例分析，或者外贸企业创业、运作中常见问题分析。多元考核方式，更能考查学生创新创业的能力，不仅有利于提高人才培养的效果，还能提升学生创业的基本技能，为学生毕业后的就业创业奠定良好的基础。形成性考核为主的成绩评定方式，有效提升学生学习主动性，教学效果明显提升。

六、交互开放特色贯穿教学过程

开放式教学，主要是打破传统教育中封闭的教学环，即教、学的主体只有教师和学生，新增实际创业主体——企业创业导师。通过前期教学内容商讨、中期安排讲座、后期指导学生创业项目等形式，企业创业导师参与"外贸企业创业与运作"课程教学的整个流程。这样的安排，首先能保证创业课程的内容符合国际贸易创业的实践需要，其次能让学生增加对创业的感性认识，培养学生的创业意识和兴趣，还能通过"一对一"的交流增强创业指导的有效性、针对性。

交互式教学，除传统的教师与学生之间的交互之外，还新增了教师与企业创业导师之间、企业创业导师与学生之间的全面交流互动。教师与学生的交互，通过充分运用参与式、启发式、探究式、讨论式等教学方法，增加课堂讨论、案例分析、课后小组讨论、大型作业、课内学生发言的次数和分量，培养学生从发现问题、分析问题到解决问题及总结表达的综合实力，提升团队协作能力，学习的自主性和创新性得以提高，提升所学知识的实际运用能力。教师与企业创业导师之间交互，从前期师资创业培训、课程教学内容商讨与更新到每轮两次的企业创业导师讲座，理论与实践的交融打造了完美的师资队伍，丰富了教学内容和教学手段。创业导师和学生的交互，直接体现在每轮两次的讲座上，鲜活的创业实例拓展了学生的视野和思维方式，充分的互动交流解决了学生创业道路上的困惑和问题，便利的实习机会帮助学生近距离接触创业实践，更有后期"一对一"的创业项目指导让学生的创业之路走得更快更好。

通过开放交互式教学，"外贸企业创业与运作"课程打破了传统的"封闭""单向""灌输式"教学模式，改变灌输式教学、被动式学习的情况。开放交互的教学，有利于培养学生的学习兴趣和热情，引导学生自主学习、主动参与、独立思考，提高学生的自主学习、钻研问题、探究创新的兴趣和能力，培养学生创业精神，激发学生的创业热情，开发学生的创业潜能，增强学生捕获机会、把握机会、利用机会、创造机会的能力。

第三章
国际贸易模拟实验

在专业教育中,实习是一个重要的实践性教学环节。通过实习,学生熟悉外贸实务的具体操作流程,增强感性认识,并可从中进一步了解、巩固与深化已经学过的理论和方法,提高发现问题、分析问题以及解决问题的能力。

"国际贸易模拟实验"课程是学生在完成"国际贸易实务"课程的学习之后,将所学理论和专业知识应用于实践的模拟操作,是体现应用型国际贸易专业人才培养的重要环节。"国际贸易模拟实验"课程的主要目标是针对国际贸易的特点和要求,从实践和法律的角度,分析研究国际贸易适用的有关法律与惯例和国际商品交换过程的各种实际运作,总结国内外实践经验,吸收国际上一些行之有效的贸易习惯做法,以便掌握从事国际贸易的"生意经",学会在进出口业务中,既能正确贯彻我国对外贸易的方针政策和经营意图,确保最佳经济效益,又能按国际规范办事,使我们的贸易方式能为国际社会普遍接受,做到与国际接轨。这门课程最重要的要求是贴近实际,理想目标是指导实践。

第一节　课程建设历史和成果

一、"国际贸易模拟实验"课程发展历史

1. 纸质材料模拟

1993 年，"国际贸易模拟实验"课程设立。任课教师在很多外贸公司、进出口结算银行、国际货物运输公司、海关、保险公司、商检机构等进出口相关部门的大力协助下，构建了以纸质材料为基础的国际贸易模拟实验教学内容体系。教学过程中，通过模拟出口公司、银行、运输公司、海关、保险公司、商检机构，学生系统完成从商务谈判到办理国际贸易运输、保险、商检、单证制作、审单审证等各国际贸易环节的操作，所有的单据和文件都是纸质材料，模拟国际贸易实际流程中在各个企业和机构中的流转，取得了良好的教学效果。课程开设和教学受到了学生以及用人单位的一致好评。

2. 单机版计算机模拟

2003 年开始从传统的纸面向电子化方向发展，用上海对外贸易学院的 TMT 等软件替换了使用多年的纸面模拟实习系统，在教学手段的现代化方面取得了进展。2003 年建设的电子贸易实验室被评为"省级教学实验示范中心"，获得了国家财政部 100 万元的拨款，教育厅 200 万元的拨款，学校配套资金 88 万元。实验室配有先进的硬件设备、多种国际贸易模拟实验教学软件、外语教学软件等，为学生缩短理论与实践的距离提供了优越的仿真环境，增强了学生解决实际工作问题的能力。

TMT 软件集成了 10 套连贯完整的出口业务案例,从建立业务关系到业务磋商、合同签订、合同履行直至最后的交单结汇售后,涉及国际贸易买卖的全过程,而每一个环节又包括具体要求、业务反馈、操作提示和参考答案,较好地模拟了出口业务的全过程。 TMT 软件要求学生完成的操作步骤如表 3-1 所示。

表 3-1   TMT 软件学生操作步骤

操作步骤	操作内容
操作 1	主动向进口商客户发函,建立业务关系
操作 2	收到客户询盘,进行报价核算
操作 3	撰写发盘函
操作 4	收到客户还盘,进行还价核算
操作 5	撰写还盘函
操作 6	收到客户接受函,进行成交核算
操作 7	缮制销售确认书
操作 8	收到信用证,审核信用证,出具审核意见
操作 9	撰写改证函
操作 10	收到信用证修改通知书,缮制订舱文件,向船公司订舱
操作 11	收到配舱回单,缮制报关文件,向海关报关,
操作 12	收到装货单,向保险公司投保,向客户发装船通知
操作 13	缮制结汇单据,向银行议付
操作 14	等待银行审单结果,同时审核一笔进口业务项下的国外单据
操作 15	收到银行通知,撰写业务善后函
操作 16	实习总结

TMT 软件实现了从纸质版到电子化的升级,比较完整地模拟了出口业务的整个过程,但是缺点也非常明显:缺乏互动,而且国际贸易中间的进口商、工厂、税务局、保险公司、海关商检和银行等进出口相关业务部门没有体现。

3. 网络版软件模拟

基于 TMT 软件的缺陷，我们引入了 SimTrade 外贸实习平台：学生在网上进行国际货物买卖实务的具体操作，能很快掌握进出口的成本核算、询盘、发盘与还盘等各种基本技巧；熟悉国际贸易的物流、资金流与业务流的运作方式；切身体会到国际贸易中不同当事人面临的具体工作与他们之间的互动关系；学会外贸公司利用各种方式控制成本以达到利润最大化的思路；认识供求平衡、竞争等宏观经济现象，并且能够合理地加以利用。 老师通过在网站发布新闻、调整商品成本与价格、调整汇率及各项费率等方式对国际贸易环境实施宏观调控，使学生在实习中充分发挥主观能动性，真正理解并吸收课堂中所学到的知识，为将来走上工作岗位打下良好基础。

SimTrade 的仿真性比较好，学生可以通过扮演不同角色，体验整个进出口流程。 以 L/C 结算方式为例，SimTrade 中学生需要的内容和步骤如图 3-1。

在 SimTrade 中，学生需要完成以下实习内容。

①熟悉和掌握一般贸易的实际运用。

②学会运用网络资源宣传企业及产品，使用邮件系统进行业务磋商，掌握往来函电的书写技巧。

③掌握不同贸易术语在海运、保险方面的差异。 学会在询盘、发盘、还盘、接受环节的磋商过程中，灵活使用贸易术语（CIF、CFR、FOB）与结算方式（L/C、T/T、D/P、D/A），正确核算成本、费用与利润，以争取较好的成交价格。 掌握国际贸易货物买卖合同履行过程中货、证、船、款等内容。

④学会根据磋商内容，正确使用贸易术语与结算方式签订外销合同。

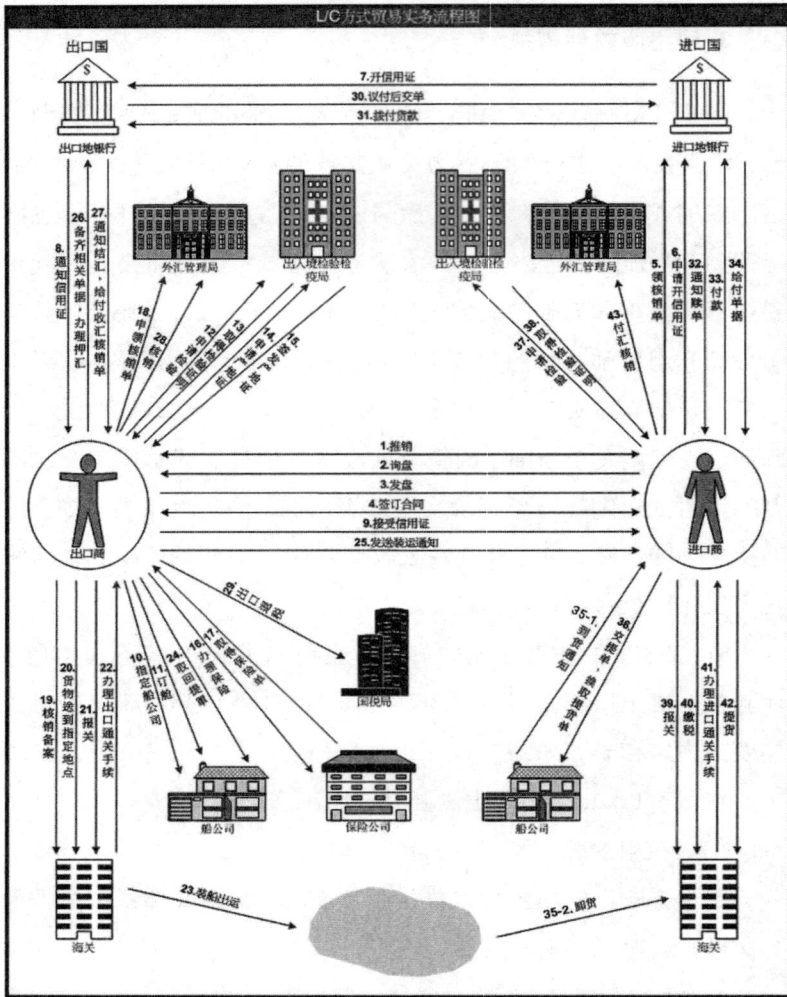

图 3-1　L/C 方式贸易实务流程图

⑤掌握四种主要贸易术语（L/C、T/T、D/P、D/A）的进出口业务流程，熟悉与掌握它们的结算程序和运用技巧。

⑥熟悉海洋运输方式的具体操作。

⑦学会正确填写各种单据（包括出口业务中的报检、报关、议付单据，进口业务中的信用证开证申请）。

⑧学会根据磋商内容做好备货工作，正确签订国内购销合同。

⑨掌握开证、审证、审单要点。

⑩学会合理利用各种方式控制成本以达到利润最大化的思路。

⑪体会国际贸易的物流、资金流与业务流的运作方式，体会国际贸易中不同当事人的不同地位，面临的具体工作与互动关系。

当然 SimTrade 系统也不是十全十美，仍然存在一些问题：函电方面功能不够强，不能根据学生的函电内容较为准确地打分，学生随意输入内容也可以获得相应分数，系统只是根据是否有内容打分；报价的步骤过于简单，与实际有一定的差距；信用证方面没有提供审证这一比较重要的功能；部分单据的个别数据设置存在一些问题；等等。

二、"国际贸易模拟实验"课程建设成果

"国际贸易模拟实验"课程历经 20 多年的发展和建设，教学效果明显提高：首先，由于 SimTrade 系统提供了出口商、进口商、工厂、进口地银行和出口地银行等角色，学生在操作时需配合扮演出口商、进口商、工厂等角色，完成良好的互动。其次，教师通过系统调整评分方法，在实习过程中显示每个同学的动态成绩，还可以按同学不同角色的表现排名、打星级，这极大地提高了同学们学习的积极性和兴趣。大多数同学均表现出极大的参与热情，尤其是一些平时成绩较差的同学，通过认真的学习、实验，相当一部分都取得了优秀的成绩，这在其他课程中比较少见。因此，在教学和实践过程中，不仅教室里看不到学生有开小差的现象，而且大部分同学还经常要求在课余时间开放系统，

从而可以通过完成更多的业务以提高自己的星级和成绩排名。学习主动性和积极性非常高，实验效果十分显著，受到学生和教师的一致好评。

"国际贸易模拟实验"课程建设取得主要成果如下。

①以纸质材料为基础的"国际贸易实务模拟实习教学"，获得了 2002 年浙江省优秀教学成果二等奖。 教学内容体系的构建是经过与众多外贸公司、进出口结算银行、国际货物运输公司、海关、保险公司、商检机构等进出口相关部门沟通，教学过程中，学生通过出口公司、银行、运输公司、海关、保险公司、商检机构的角色扮演，系统完成从商务谈判到办理国际贸易运输、保险、商检，单证制作、审单审证等各国际贸易环节的操作，取得了很好的教学效果。

②2009 出版自编教材《出口贸易实验》。 教材是知识的载体，是教学的基本工具，教材的质量直接影响教学的效果。 本课程使用的主要实验软件没有配套教材，我们组织教师根据系统内容和使用情况，编写相应的教材。 在外贸业务领域，从业人员要与国外客户、银行、检验机构、保险公司、运输公司、海关、外汇管理局、税务机关等打交道。 这些从业人员不仅需要坚实的国际贸易理论基础，更需要具备较强的国际贸易实际操作能力，要有很强的实际问题处理能力。 因此，提高国际贸易专业大学生的动手能力、专业技能和实用能力成了编写该教材的指导思想。 配套实验教材编排新颖，操作性强，对模拟实验起到很好的指导作用。

③2009 年"国际贸易模拟实验"课程被评为校级精品课程，并在其后的 3 年顺利通过验收。

第二节　科技和兴趣引领教学改革

本课程的教学目的是通过精心设计、组织、控制和指导下的进出口交易模拟训练，让学生能够在一个仿真的国际商业环境中切身体会商品进出口交易的全过程，在实际业务的操作过程中使其全面、系统、规范地掌握从事进出口交易的主要操作技能。本课程的教学以国际贸易基本过程为主线，以模拟设定的具体进出口商品作为交易背景，学生通过模拟进口商、出口商、工厂等角色，针对进出口贸易中业务函电的草拟、商品价格的核算、交易条件的磋商、买卖合同的签订、进出口货物的托运定舱、报检通关、信用证的审核与修改以及贸易文件的制作和审核等主要业务操作技能，通过生动具体的案例、详尽的操作指南、具体的图表实例和大量的操作练习，使学生掌握进出口交易的基本程序和主要技能。

根据"国际贸易模拟实验课程"的特点，我们坚持科技和兴趣引领教学改革。教学软件采用最先进的、最贴合现实的，教学内容和方法的改革则强调以学生兴趣为主导。

1. 充分运用现代化多媒体教学

在教学中充分利用计算机、网络和专业软件等设备和手段，提高课堂教学的效率及效果。选择高质量的教学软件，通过高仿真的国际贸易环境，将原来抽象、复杂的流程和单据用生动的图像和动画表现出来，使教学内容生动、活泼、信息量大，学生可以更直观地理解教学内容，激发学生学习兴趣。

国际贸易实验室以经济学院国际经济贸易系为依托，于 2004

年成为由国家财政部批准的中央与地方共建项目。 国际电子贸易实验教学示范中心是浙江省高校实验室与实验教学示范中心，历年来共获得财政部、浙江省教育厅、财政厅财政拨款和学校配套资金约 390 万元用于实验室的硬件和软件建设，当时软硬件设施达到全国一流水平。 为了配合国际贸易模拟实验课程教学的需要，专门采购了一系列国际贸易教学软件：Teach Me Trade、SimTrade 外贸实习平台、外贸实务教学系统、外贸单证教学系统、外贸模拟练习系统、SimMarketing 市场营销模拟软件、奥派电子商务平台以及全顺外贸企业 ERP 软件。 这些软件在教学中发挥了重要的作用，大大拉近了理论教学和实际操作之间的距离，实验室教学效果非常明显，对培养同时具有坚实理论基础和实际动手能力的优秀学生起到了很好的辅助作用。

2. 每年数次更新教学内容

（1）课程本身内容更新

SimTrade 虽然较好地模拟了国际贸易业务，但是每次课前和课后还是需要更新教学内容。 首先软件和教材一样，内容与现实存在一定的差异，其次软件的更新速度总是落后于实践的变化，而且软件本身也有一定的问题。 此外因为管理机构调整、经费等一些原因，目前"国际贸易模拟实验课程"课程使用的软件，已经超过十年没有更新。

中国近年来对外贸易发展迅速，国内外经济政治社会形势复杂多变，相关法律和政策经常调整，有些政策不复存在，有些修改了好几次，新的政策、法律基本每年都有。 这些无疑对教师的教学提出了很大的挑战，我们必须适时提醒学生：虽然软件系统里是这样的，但是实际中不是这样的。 譬如说：商检局原来是一个独立机构，全称是中国进出口商品检验检疫总局，2018 年

4月，出入境检验检疫并入中国海关，法定检验和申领产地证，也都一并需要到海关办理；系统中的每笔业务都需要外汇核销，而实践中已经改为按月总量核销；出口退税原来在省市一级税务局办理，目前下放到区税务局，企业除备齐法律规定的文件之外，还需要保留其他的文件备查。

（2）其他贸易方式和业务管理内容补充

实验课程内容反映从事国际贸易实践中最基础也是最实用的内容。无论是 SimTrade，还是其他的国际贸易模拟软件，都是以一笔进出口业务流程为主体，模拟从交易磋商到签订合同、履行合同全过程，这种逐笔售定的方式也是国际贸易中最常见的做法。但是除此之外，国际贸易中间也有一些比较常见的诸如代理、经销、招投标、寄售等贸易方式，我们会在教学之中进行相应的补充。

此外，根据国际贸易的最新发展和人才培养的需要，该课程加入了外贸业务管理的内容，如客户关系管理、外贸流程及优化等。一般而言，同学毕业以后经过几年的外贸实践，很有可能从普通的外贸业务员逐步走上管理岗位。而从管理者和业务员的不同角度出发，对业务的要求和把握是完全不一样的，我们在教学中加入了一些这方面的内容，便于同学毕业以后在管理岗位上做得更好，走得更远。

4. 以提高学生学习兴趣为主导安排教学过程

教学安排始终强调以学生为中心，让学生从知识的被动接收者转变为主动参与者和积极探索者，充分发挥学生的主体作用，为学生的积极参与创造条件，引导学生去思考、去探索、去发现，鼓励学生大胆提出问题并展开讨论，尝试用多种方法去解决问题。

（1）动态团队合作、竞争，引导学生自发进行研究性学习

每个参与 SimTrade 外贸实习平台虚拟贸易的学生都将按照实习计划扮演进出口业务流程中的不同当事人，从而共同组成了模拟贸易环境。考试时为避免相互影响，采用每个同学单独完成进口商、出口商和工厂 3 个角色操作，从而完成一个完整进出口贸易流程的方法，很多老师在学生学习过程中就这样安排。好处是练习和考试方便，缺点是不符合实际且没有竞争。

"国际贸易模拟实验"教学以团队小组为单位开展，但是工厂、出口商和进口商分别是谁，需要通过竞争决定，而一旦合同达成，这个小组就相对固定，该笔业务完成后可以重新组合。通常练习开始时让一半的同学做出口商，其余的同学进口商和工厂各半，扮演进口商和工厂的同学中完成一定工作步骤后即可自由转换角色。事先选定一种产品（非范例产品，学生不能照抄，必须自己思考），从简单的 T/T＋FOB 开始，先易后难，完成以后再练习 L/C。由于同一种产品有大量的工厂、出口商和进口商，彼此之间需要竞争，贸易双方可以在模拟的市场里寻找合适的交易商，通过交易磋商达成交易。由于存在竞争，同学们会对交易前的准备工作进行得非常充分，并通过研究千方百计地促成交易。而一旦达成合同相应的三方又需要配合协作才能完成合同，小组成员有很强的团队精神，因为实验成功必须要各成员通力合作，且每一步的成绩都动态显示，同学之间会比较分数高低。很多同学为提高成绩主动开展研究性学习，自行查找相关资料，主动询问同学和老师，课堂气氛空前高涨，学生主动要求延迟下课。

通过这样相互竞争和协作的角色扮演，学生将面对出口商、进口商、供应商的日常工作，从而熟练掌握各种业务技巧，体会客户、供应商、银行和政府机构的互动关系，需要根据签订的合同分别与银行、货代、外管局、商检、海关、税务、保险、工厂

等部门沟通，制作单据，完成进出口交易。 真正了解到国际贸易的物流、资金流和业务流的运作方式，最终达到在"实践中学习"的目的。

（2）调高单据通过的合格率，培养学生认真细致的学习和工作态度

系统默认的合格率是 60％，达到 60％以后可以进行下一个步骤的操作，有些同学盲目求快，想早一点完成业务，因此练习的时候不求甚解。 而国际贸易的工作，覆盖面广，涉及的环节多，必须认真、细致。 一般学生考试考到 90 分就已经非常满意了，但是在国际贸易中是不够的。 以信用证为例，出口商要想从银行议付货款，所提交的单据必须全部正确，也就是说 0 分和 99 分的待遇是一样的，都是单证不符，银行都可以拒付。 所以练习的时候，我们要求单据的合格率达到 100％，因为实践中单据做对、知其然只是第一步，知道有几种答案、知其所以然才是我们的目标。

5. 作业形式多样，侧重于实践能力的培养

"国际贸易模拟实验"课程属于应用型学科，实践性强是该课程的突出特点。 作业要体现出以学生为中心，以理论素质和应用能力培养为目的的教学目标。 普通的名词解释、问答题等抄书即能解决的问题一般不在作业的范围之内，国际贸易模拟实验课程的作业侧重于实践能力的培养，主要集中于实践报告、计算、案例分析、制单和辨析等题型，还要自己去企业寻找案例并加以整理和分析，着力培养学生的实践能力。 此外，作业特别注重对进出口实际业务的整体把握。 按照国际贸易业务的开展程序，让每一个学生把自己假想为一个新企业的出口业务经理，从零开始，如何去拥有出口权，如何去获得第一张订单，处理订

单过程中哪些是企业自行处理的业务，哪些是需要其他机构部门完成的工作，如何与不同部门协作，需要履行哪些手续，直至如何最终完成这笔订单。使学生将课内知识与课外知识相结合，学以致用，一毕业就能直接上岗，能更好地适应企业的要求。

6. 成绩考核增加平时分比例

"国际贸易模拟实验"课程考核成绩由两部分构成：平时成绩（40％）+ 期终考试（60％）。因为学生平时花很多的时间进行练习，所以我们增加了平时成绩，其所占的比例由30％调高到40％，平时成绩由系统自动根据学生的练习打分，评分标准由教师掌握。最低要求每个学生必须使用四种主要结算方式（L/C、D/P、D/A、T/T），结合三种贸易术语（CIF、CFR、FOB），做四笔以上的出口业务。但是由于可以通过不断地累积练习提高分数，所以学生平时经常主动利用误余的时间进行练习，晚上、双休日、节假日，学生经常会通过微信、短信或者电话咨询教师在练习中发现的问题。课程结束时，学生所做的业务笔数通常是最低要求的2到3倍。

鉴于实验课的性质，我们改变过去僵化的书面考试模式，注重学生平时主动学习能力与实践参与能力的评价与考核，考核学生的实践能力，期终考试为仿真环境下完整进出口流程的独立操作，教师指定产品、结算方式和贸易术语，学生同时扮演进口商、出口商和工厂，在SimTrade系统中完成。因为工作量相当大，考试采用开卷形式，考试时间为4小时。

从实践效果来看，教学模式的创新大大增强了学生对现实贸易环境的认识，培养了学生分析、解决实际问题的能力，不断提高学习兴趣，提升专业素质，社交技巧和团队工作的技巧也得以大幅提高。

第四章
研究生课程教学改革和思考

　　硕士研究生和本科生是完全不同的层次，学生在自主学习、研究和思维方式等方面较本科生有很大的提升。 在课程教学中，还应结合学生的专业性质和特点，在理论和实践方面选择不同的侧重点，并以此为出发点，根据学校和地区特色，结合教师自身研究领域，选择合适的教学内容和教学方法。

　　国际贸易系有国际贸易学术硕士和国际商务专业硕士两个不同的学位层次，国际贸易学术硕士学制两年半，其中在校学习时间一年半，更多的偏向理论层面的学习和研究；国际商务专业硕士学制两年，其中在校学习和实践各一年，培养职业型人才强调的是实践性、应用性。

　　"中国对外经贸专题"是国际贸易专业研究生的学科前沿课程，对于研究生建立国际贸易系统知识体系和掌握专题方向的最新发展趋势具有重要作用，重点在于中国对外经贸中的理论问题。"国际贸易实务专题"是国际商务专业研究生的学科前沿课程，主要针对国际贸易实践中的具体、现实问题，尤其是新出现的有前瞻性的问题进行分析和探讨。 新开课程"文化与国际经贸"于 2018 年列入国际贸易学术硕士的培养方案，文化是国际经贸中非常重要但却是说不清楚、很难衡量且容易被忽视的因素，课程将尝试把文化与国际贸易、国际投资和国际企业管理的实践和理论分析进行融合。

第一节　对研究生课程教学改革的思考

课程教学是研究生教育的基础环节，良好、有效的课程教学是课程体系得以发挥作用的根本途径，也是检验学生通过课程学习来发展专业技能、培养创新能力的最终标准。 研究生的课程教学，应强调课程教学形式和教学手段的突破，强调以学习者的自我实现为课程教学的核心，强调把教学过程视为发挥学习者主体性的过程。 课程教学应凸显研究生的主体地位，营造良好的师生关系和学习环境；重视研究生综合能力的培养，探索创新性研究的培养模式。 反观现实中的研究生课程教学，仍然存在一些问题。

一、研究生课程教学存在的问题

（一）重科研轻教学盛行

当前高校普遍存在"重科研轻教学"的现象，一方面是因为教学质量难以量化衡量、很难比较，而科研成果现在已经有一套完整的考核评价体系，而且教学见效慢，受益的学生可能要几年甚至几十年以后才能体现出来；更重要的是，由于高校排名基本按科研成绩为标准，导致学校对教师的考核也是绝对以科研为主，即便是一些定位为应用型的大学也是如此，绝大部分高校教师的课余时间基本都用在科研上，教学对相当一部分教师而言，只要完成基本工作量，学生评价不要太差就可以。

　　尤其到研究生阶段，教师与学生普遍认为，在研究生阶段课程学习的重要性不及科研训练，研究生和导师对课程学习的重视程度不高。 这容易导致两种极端情况的出现，一种是研究生课程本科化教学，主要是低估研究生的学习和研究能力，未能根据学生层次的需求的变化，对课程的内容和教学方法进行调整，教师完全主导课堂；另一种是把研究生作为教学主体，每次课以研究生讲 PPT 为主，教师点评为辅，把课堂主动权交给学生，这种方法如果配套教学组织安排得当，可以起到非常好的效果，反之，则是一种放羊式的不负责任的教学方法。

（二）忽略教学手段和方法改进

　　很多老师认为研究生层面，学生的学习自主性和积极性比本科生高，学生的科研能力也比较强，因此，课堂教学只要把内容说清楚就可以。 但是，不管授课对象是谁，只要是以课程性质存在，需要任课老师讲解的，教学手段和方法就一定存在改进的空间。 很多教师对研究生课程教学方法和手段仍以灌输式为主。 虽然课堂上也偶有讨论发生，但并不是一种经常的行为，学生研究和探索的空间十分有限。 在多数情况下，教师仍是课程的控制者，学生是知识的被动接受者，整个教学过程很少能够真正成为师生共同参与和探索的过程。 研究生课程教学不能只注重教师的教学实现，而忽视学生的"自我实现"。 例如，为了提高学生的课堂参与度和锻炼学生的能力，很多老师会将一些课程主题分解到学生个人或小组中，学生通过查找资料、分析讨论、做 PPT，在课堂中展示给大家。 这是一个很好的方法，但如果没有前期和后期的教学设计和教学组织安排，学生以应付为主，很可能出现学生在上面讲，下面只有教师在听的情况，其他学生可能因为对这个主题没有兴趣，或者学生讲得不够精彩，并没有给予关注，导致整体教学效果不够理想。

（三）课程考核方式单一

目前研究生课程考核主要是两种方式：闭卷笔试和论文。一般基础性的课程会采用闭卷笔试的方法，而专业性的课程则大多以论文作为期末考试的方式。笔试和论文可以适用于学术硕士的课程考试，但国际商务专业硕士有些课程不太合适，国际商务专业硕士的毕业论文可以是论文，但出于专业特性考虑，更鼓励调研报告、案例分析、策划书等国际商务中常用的一些报告形式。如果课程教学过程中学生没有经过相应的学习和训练，无法掌握相关文书的写作要求和技巧，学生的职业技能和知识结构会有所欠缺，也直接导致后期毕业论文写作时，大部分学生会选择学术论文。

此外，形成性评价在研究生课程分数评判中较少用到，教师往往是根据平时上课的印象，给学生一定的平时分，缺乏科学严谨的依据，形成性评价则要求教师在上课过程中设置更多的作业、讨论和演讲环节，更关注学生平时的表现。

（四）缺乏考评和反馈机制

大部分高校在本科层面，对于教学效果有一整套评价、考核、反馈机制，从学生、系主任、学院领导到教学督导共同参与。虽然很多教师对评价的方式方法和内容存在疑义，但是至少学生有表达意见的机会和渠道，教师也能了解学生的诉求和教学需要改进的内容。

但在研究生层面，很多高校的课程评价缺乏反馈机制，不能及时向教师反馈评价结果，使课程评价丧失了对课程内容以及课程体系设计的优化功能。而且由于缺乏考评和反馈机制，如果出现个别不负责任的教师上课对教学内容没有刚性要求，天马行空，缺乏重点和结论，仅仅是大量地引用和泛泛而谈，甚至完全忽略教学内容的现象，这是很难发现、遏制的。

二、研究生课程教学改革建议

（一）重新思考教学在高校中的地位

中国高校重科研轻教学的风气盛行，但是我们应该认识到，高校是个教育机构，而不是纯粹的科研单位或者研究机构；因此教学应该是高校的首要任务，重视科研也应该是为了更好地反哺教学；所以教师的最重要工作应该是教学，然后才是科研。教育职业能力不仅包括具有从事教学必备的某一学科的学科知识和能力，而且包括拥有先进的教育理念和一定的教育教学技能技巧，并具有一定的教育科研能力和良好的教师职业道德。要改变重科研轻教学的风气，仅仅靠教师个人是无能为力的，在现有教育体制和考核标准下，坚持教育为重的教师人数很少、比例很低，这也是现在越来越多的学生出国读大学的原因之一。改变，很多时候需要从上往下，教育主管部门先改变学校的考核和排名标准，学校层面才会快速做出相应调整。如果缺乏学校和教育部门的政策支持，教学在高校的地位不可能得到正确的认识。

（二）鼓励教师进行研究生教学改革

很多高校对本科生的教学改革有比较多的政策支持，相对而言，对研究生层面的教学改革支持力度却明显不足。 本科教育的课程内容要注重专业知识的基础性、系统性与广博性，其目的是形成学生坚实的知识基础和培养学生的知识迁移能力。研究生教育则更应关注知识的专业性与前沿性，强调将学生引到学科前沿领域，不确定性内容、有争议的问题、不同流派的观点都可以成为专题类课程讨论的对象，借以形成研究生的批判意识，进而培养他们的创新能力。 但现实中很多高校的研究生专题类课程却以本科教学框架为雏形，没有突出研究生知识的专业性与前沿性，与时俱进的课程较少，不能很好地适应研究生教学要求。

应该看到，学生的层次和能力越高，对教学的要求就越高；班级的规模越小，个性化的教育就越有可能。 也就是说，研究生的教学与本科生教学相比，并不只是内容深浅有差异，定位不同、需求不同、规模不同，教学的方式方法都应做出相应的调整，才能根据课程和专业，适合不同学生的教学需要。

（三）完善研究生教学考核激励机制

建议从教师和学生两方面完善课程质量考核与研究生激励机制，可以设计"研究生课程教学质量评价表"，按教学态度、教学内容、教学方法、教学效果 4 个评价内容，研究生、任课教师、研究生教育督导作为 3 个评价主体，对研究生课程教学质量进行评价和调研。 校方可对优秀的研究生授课教师进行表彰和鼓励；在此基础上，导师还应引导研究生认真修习课程，将科研训练与课程学习有机结合起来，使课程学习起到提升研究生科研素养的最终目的。

第二节 研究生专题类课程教学改革实践

专题课程是研究生课程体系的重要组成部分，是针对某一专业领域的研究热点和关键进行深入的思考和分析，对学生了解学科前沿、系统掌握专业知识结构具有重要意义。研究生专题类课程在《研究生人才培养方案》中占有很大的比例，也是目前我国研究生教学中非常重要的课程。然而，对于研究生的专题类课程教学没有相对统一的教学模式。因此，有必要开展专题课程教学的研究和探索，包括理论教学和实践教学相结合的研究、课程评价考核等方面的研究，以提高课程的教学效果，促进学生对课程基础知识的深入理解、掌握、运用和拓展，锻炼并提高学生学习和研究的能力。

一、对研究生专题类课程的理解

研究生教学中的专题类课程，首先是一门课程，不包括一次仅 2 小时的讲座，它有学时的要求或者规定，一般通过几次课完成一个小专题；其次，它可以是必修课程也可以是选修课程；再次，不需要按照篇章节的顺序依照教材内容一点一点讲授，很多课程没有相应教材，理论性课程结合参考不同的著作、比较不同的学者观点，对本门课程的一些重点、难点进行深入思考和分析，尤其是对于本课程内容的一些热点讨论的问题进行深入分析和思考，因此专题类课程是由一系列有基本逻辑联系的对本门课程的一些重点、难点、热点问题的讨论、思考和分析的总和。它要求授课教师不能在本科知识的基础上重复，不能只对某些重难点问题表面了解，必须在综合比较不同观点的情况下有自己的认识和见解，给学生以启发和引导，因此专题类课程往往是导师们自己深入研究和有研究成果的课程。

二、研究生专题类课程的教学模式改革

在国际贸易学术硕士的"中国对外经贸专题"课程和国际商务专业硕士的"国际贸易实务专题"课程教学中，研究生专题课程的教学模式改革经历了几个阶段：

（一）教师主动＋学生少量参与

教师主动＋学生少量参与，指采用规范结构讲授与专题案例结合，特点是以教师讲授为主，以学生参与讨论为辅。 教学整体上按规范的专题内容，从概念、理论到现实应用展开教学，同时在每一环节上讨论一些与此相关的案例。 目的是使教学更有吸引力，使学生能将理论学习与国际贸易、国际商务实践相结合。 规范结构讲授与专题案例结合的方式，前提是教师有相应的研究成果，否则就相当于本科教学的重复，只是增加了课堂讨论的次数，这种方式效果比单纯的规范结构讲授有更好的效果，但仍存在一些问题：案例规模较小，学生讨论的空间有限；有些案例需要用到专题以外的知识点，而学生之间知识结构存在差异；学生参与的时间非常有限，没有充足的交流时间也很难达到好的效果，师生的双向交流不够。

（二）学生主动＋教师参与

学生主动＋教师参与，即学生单独专题研究为主。 一门专题类课程分为若干小专题，拿出部分小专题由学生收集资料、做PPT、公开讲授，然后教师评讲给出成绩，学生主动＋教师参与的模式注重学生学习过程。 课堂教学先介绍专题的基本情况和

需要解决的主要问题类型，然后介绍当前国际贸易、国际商务现实和发展趋势对这些问题的影响。 将这些问题组织成若干小专题，同时介绍在这些专题上具有代表性的参考资料。 参考资料最好具有一定的概念延续性，使学生能体会到背景的改变对研究主题及国际贸易实践的影响。 这种模式的特点就是非常注重学生主动参与专题类课程的学习过程，注重学生的主动学习能力锻炼，提高学生的研究能力和水平。 但是，缺点是每个或每组学生花费的时间较多，但局限于分配到的一个小专题领域，对其他领域的了解和探讨基本没有，对一门课程不能够系统性掌握，而且学生讲、老师点评互动过于单一，其他学生的参与性不强。

（三）学生主动＋教师学生共同参与

学生主动＋教师学生共同参与，即从全体学生和教师共同专题研究为主。 教师在讲授专题类课程时，第一，把本课程的研究现状及目前正在研究的重点、难点、热点问题是什么告诉学生，引起学生的学习兴趣。 第二，教师要告诉学生自己的研究成果和对一些问题的研究思考和分析，把学生带进研究的区域和研究的具体项目，也就是完成"教师主动，学生参与"的第一个阶段。 第三，通过教师讲解和学生的参与讨论，教师要给出相关的研究课题，让学生选题研究，并规定严格的考核评价办法，如列出详细的研究题目，由学生选择，控制重复率；规定资料收集及论文写作的字数及标准格式；规定 PPT 制作及演讲规范；规定完成的时间和其他要求。 第四，学生按要求讲演，之后接受其他同学的点评和提问，讨论之后教师总结。 最后按各项要求评分给出综合成绩，实现"学生主动，教师学生参与"的考核过程。

这种模式通过学生与学生之间的互动、学生和老师之间的互动,学生的学习、研究、表达、思辨能力能得到充分锻炼,有利于培养有独到见解和创新学术观点的学生。 同时,教师通过这种专题类课程的教与学的过程,完善自己的教学内容和充实自己的学术观点,真正做到教学相长。

三、引入 Seminar 教学法

教师要因势利导引导学生进行探究性学习,在教学过程中改革传统的以学科知识体系为线索,以教师讲授为主的灌输式的单一教学形式,采取多种教学方法,加强学生自主学习和研究能力培养,使学生通过专题类课程教学在学习的同时,形成更好的学习态度和学习技巧,为将来进行研究和进一步的发展打下良好的基础。

为了配合研究生专题类课程的教学模式改革,引入了 Seminar 教学法,Seminar 有研讨会的意思。 其核心是充分挖掘课程参与者(学生和教师两个方面)的学理潜能,最大限度地进行多角度、多层次的认识互动,从而深化对某一主题的认识,实现学术交流的最佳效果,真正达到"学有所获、教学相长"。

其教学安排通常包括以下几个环节。

①由任课教师进行主题介绍。 主要是简要介绍本次课程将要讨论的主题以及主题所涉及的基本问题。

②学生陈述主题。 由报告人对主持人布置的主题内容进行陈述。 这一环节通常要求学生在 1—2 周前开始就教师布置的任务进行材料准备,包括查找和阅读相关文献资料,分析相关主题在国内外的研究现状。 这一环节要求学生必须将自己的观点融入陈述之中。

③参与者发言。 这一环节参与者主要针对报告人陈述的内容进行相应补充或者对报告人的观点提出质疑等。

④讨论交流。 这一环节是 Seminar 教学法的精髓所在。 针对主题以及报告人、参与人的发言情况，所有同学对问题或对立命题进行讨论，原来的报告人则可以针对质疑进行回答或者解释。 在辩论以及交流中可以体现出学生平时的学术积累，培养学生的思辨能力。

⑤总结点评。 针对报告和讨论的结果，由主持人也就是任课教师根据主题进行评点，总结本次课的讨论情况。

与传统教学模式相比，Seminar 教学法的教学目的更加明确化，教学任务更加多元化，尤其是在教学实践中突出了研究的理念。 Seminar 教学法具有鲜明的特点：第一，互动性。 传统教学模式是一种单向的、垂直的、机械的教学方式，而 Seminar 采用教与学双向交流方式，就共同关注的教学内容，学生可以自由提问，也可以提出自己的看法和主张，教师可以旁敲侧击，同样也可以以非权威的方式发表自己的看法和建议。 这种双向互动式的教学交流，可以避免教学过程中"教"与"学"的断裂和教学惰性，使学生学习变得更富有主动性。 第二，民主性。 Seminar 教学模式完全建立在民主、平等的课堂教学平台上，不必拘泥于师尊和权威，完全畅所欲言，围绕教学内容学生享有充分的话语权和表达权，能够在民主、平等的氛围中，以尊重、平和的态度进行教学沟通和学术讨论，为学生建构了一个开放的、宽松的、积极的学习空间。 第三，激励性。 Seminar 教学方法营造了学生－教师、学生－学生的双向互动，能有效地激发学生的求知欲望和使学生认识到宽广知识视域的必要性，帮助学生充分理解和吸收知识。 同时，还能激发学生的创造动机和创造性思维，学生能够在交流当中进行思维发散、头脑风暴，使学生内在认知结构充分激活、展现，实现从知识再现型向知识创造型的飞跃。 第四，学术性。 Seminar 教学法是一种生动活泼、富有启发式的教学方法，它可以充分挖掘教师和学生两方面的学理潜能，促使他们对教学内容进行学理探究，使教师的"教"和教师的"研"找到最佳的契合点，从而改变过去那种"教研相克"的思想观念，摆脱过去那种单调而又陈旧的"老皇历式"教学思路。

四、精心选择设计专题的主题

对专题主题的选择是专题研究教学的关键。 在选择专题的主题内容时，除了必须是教师有研究积累的要求之外，还要坚持以下几个原则。

一是要选择前瞻性或者热点问题，尤其以前瞻性主题为佳，学生在今后的工作中遇到类似问题就有比较好的积累。 热点问题能引起学生的兴趣，在学习和研究时往往能做得更深、走得更远。

二是要选择具有一定探索空间的主题，探索空间既包括主题的范围要足够大，值得学生在大致两周的时间内能得到具有吸引力的研究成果，也包括前人研究结论尚不足以解决现实的问题。

三是在所选主题上应该已经有了部分前期研究成果，能为学生的研究提供足够的理论支持，当然，在国际商务专业硕士的"国际贸易实务专题"课程中可以选择一些实践中新出现的但尚未有研究成果的主题，如 LDP、云提单就是如此。 LDP 是一个国际贸易术语解释通则之外的贸易术语，教材里没有但是在中美纺织服装贸易间却非常流行；云提单运用云技术，比传统的电子提单更为先进。 这时候需要学生拓展知识面和思维方式，分析其后的发展趋势和可能的问题，以学生和老师讨论为主。

这样选择、设计的主题既能吸引学生研究热情，又在具备一定难度的情况下为学生的进一步研究提供了足够的基础。

如"中国对外经贸专题"课程中，根据中国对外经贸实践的变化，出口退税、贸易摩擦、中国对外投资现实与政策、本土跨国公司培育、产业转移、中外制造业成本比较、中国与发达国家日用消费品价格差异分析、跨境电子商务都曾经是专题的主题。这些选题大都是引起学界和公众兴趣之前就已经进入课堂，对于培养学生的创新性思维很有帮助。下一轮次的课，可以中美贸易摩擦为主线，将其他几个相关主题有机结合起来，从不同的视角分析、考虑问题。

五、把握好学术硕士和专业硕士的不同

"中国对外经贸专题"是国际贸易专业研究生的学科前沿课程，对于研究生建立国际贸易系统知识体系和掌握专题方向的最新发展趋势具有重要作用，重点在于中国对外经贸中的理论政策问题。"国际贸易实务专题"是国际商务专业研究生的学科前沿课程，主要针对国际贸易实践中的具体、现实问题，尤其是对新出现的有前瞻性或代表性的问题进行分析和探讨。

国际贸易和国际商务从专业领域来说，有一定的重合，例如跨境电子商务，可以同时作为两门课的共同主题。但是具体内容完全不同，在"中国对外经贸专题"课程中，重点是对跨境电子商务的理论分析和探讨，而在"国际贸易实务专题"课程中，重点则在于跨境电子商务的具体营运。当然，如果同时作为主题放入两门课中，则对老师提出了非常高的要求，对跨境电子商务的实践和理论都必须有较好的积累。

此外，由于国际贸易学术硕士偏理论，而国际商务专业硕士偏实践，因此除了组织教学内容有很大差异外，教学方法也有所不同。

(一)"中国对外经贸专题"

国际贸易学术硕士的学生在课外，主要以阅读文献、自主学习和思考研究为主。

以贸易摩擦主题为例，之前讲贸易摩擦，主要涉及双反、保障措施、反规避等常规形式，而中国目前遇到的贸易摩擦则与以前遭遇的任何贸易摩擦不同，这是一个非常好的动态案例，可以综合运用。

1）先让学生自主思考分析总结新型升级版贸易摩擦的特点，至少有以下几点。

①涉及产品范围迅速扩大。 以往中国在国际上遭遇的贸易摩擦，以反倾销、反补贴和贸易保障为主，零星有一些337、301、232 条款的调查，涉及产品通常限于单个或单类，贸易摩擦的影响面较小，中国政府也积累了相对充分的应对经验。 而此次中美贸易摩擦，虽然也是由301 条款引发，但是涉及产品之多，征税力度之大，中国对外贸易史上从未遭遇过。

②从双边扩大为多边。 以往贸易摩擦通常只在"一对一"范围的两个国家之间发生，而新的贸易摩擦则涉及很多国家。如美国对进口钢铝产品征收高额关税，对象涵盖了很多发达国家和发展中国家，这些国家看起来和中国并不存在贸易摩擦，而中国直接出口到美国的钢铝产品并不多，貌似影响不大。 其实并非如此，因为其他国家如果要从美国获得豁免，条件基本上是禁止中国产品的进口、防止转口贸易的出现，这间接导致中国产品无法出口到大部分获得豁免的国家，所以升级版贸易摩擦涉及国家其实从面上的双边扩大为实际的多边，很难有效应对。

③从直接转为间接。 以美国退出伊核协定为例，2015 年签

署的伊朗核问题全面协议是在联合国框架下很多国家共同努力的结果，而美国 8 月 7 日宣布恢复对伊制裁，不仅禁止本国公司与伊朗进行贸易往来，而且通过国内法在世界范围内实行"长臂管辖"，其他国家所有与伊朗有业务往来的企业都将受到连带制裁，将无法与美国进行商业交往，不少欧洲跨国企业已经宣布或着手准备退出伊朗市场。因此，表面上是美国与伊朗之间的贸易摩擦，其实影响到包括中国在内所有和伊朗有经贸往来的其他国家。

④出发点从经济转向政治。中国经济较弱时，面对的贸易摩擦，大部分是单纯从经济角度出发。而当中国的经济总量达到世界第二的时候，贸易摩擦的引发更多的是带有政治和意识形态的考量，并通过知识产权、市场开放、产业政策等很多其他的形式表现出来。

2）让学生分析贸易摩擦的起因，讨论对双方的影响，思考中国的应对方法是否有改进的空间，预测后期发展走向，实时跟踪分析，思考事件走向与自己预计产生差异的原因。

3）引入出口退税主题，让学生分析出口退税政策存在的问题。主要有以下几点。

①无法满足出口高质量发展的需要。退税的标准由国家按原征税率和鼓励出口程度不同而定，高新技术产品、机电产品、纺织服装等产品的出口是足额退税，高污染、高能耗和资源性产品则是零退税。目前出口退税率按海关商品编码和相应品名而定，但是，商品名称大类并不能真实反映出商品的价值、技术含量和附加值，无法正确区分这些企业和产品是否是高质量的发展所需。实践中出现了要鼓励的没有鼓励到，而不应该鼓励的却得到足额退税的现象。如高新技术和机电产品的零配件相当一部分只是简单的加工装配，而在所谓低端产品中间却有一些企业

拥有高新技术。 又如纺织服装行业里，污染最严重的是染色环节，但目前面料的出口却是全部足额退税的，出现了国外企业把服装加工环节往东南亚等劳动力低廉的地方转移，大量从中国进口面料，加工完成后在国际市场上与中国企业进行竞争。 中国国内留下了大量的污染，制成品在国际上却丧失了一定的竞争力。

②出口骗税猖獗。 由于存在较高的犯罪收益，且随着市场需求和技术的发展，同一商品出口往往可以根据材质、功能用途选择不同的海关代码，即一个产品并不是只对应一个海关代码，尤其一些高新技术和机电产品的零配件监管相对比较松散，而出口退税以企业申报为基准，辅之以抽查，在法律和道德尚未达到一定水平的时候，很多企业通过虚报价格、修改品名骗取出口退税，导致国家财政损失。 2017 年全国出口退税超过 1.38 万亿，当年全国各级税务机关查处骗取出口退税违法行为挽回税款损失 207 亿元，涉案企业 6.86 万户。 而据《2017 企业家刑事风险分析报告》，虚开、骗税是民营企业家高频率罪名之一，案件数量仅次于非法吸收公众存款罪，排名第二。

③统计数据失真。 大量虚假的出口会使统计数据失真，致使对外贸易的总额和结构与现实出现偏差，容易导致政府决策失误、战略失误，在贸易摩擦发生和处理过程中应对不当。 而此次中美贸易战中，地方政府根据海关数据向企业核查时，也发现真实的数据小于海关数据。

④监管成本和收益不匹配。 目前退税率档次划分过细，退税率从最高 16%、15%、13%、10%、9%、6%、5% 到最低 0%，一共有 8 种不同的退税率，且政策变动频繁，高峰时一年之内会变化几次。 企业无法对未来有准确的预期，而为了准确判定商品合适的退税率，防止出口骗税，海关、税务等部门不仅自

身的工作量大大增加,直接监管成本非常高,出口企业和海关容易在商品归类时出现意见分歧,容易导致寻租大量出现,而且要求企业提供大量的佐证资料,间接增加企业的负担。 目前出口退税制度设计并不能从根本上防止出口骗税的发生,加上各地区对出口的鼓励程度不同、监管的把控尺度不一,出现同样产品在不同地区、不同企业享受不同退税率的神奇现象,导致企业不公平竞争。 此外,由于中国出口退税制度较为复杂,容易被国外理解为补贴。

4)将贸易摩擦和出口退税两个主题结合起来,让学生思考:是否可以用出口退税政策辅助解决贸易摩擦? 与其他手段相比有何优缺点? 政府又如何选择?

这样的教学设计和安排,由于采用动态的真实案例,信息量大,互动程度高,因此具有较大的吸引力。 但是,整个学习过程对教师和学生都是较大的挑战。 这种开放的、动态的教学模式既有利于培养学生综合运用各种理论知识和实践经验来分析和解决问题的能力,从而形成创造性思维;还有利于培养学生的沟通能力和团队合作精神。

(二)"国际贸易实务专题"

国际商务专业硕士非常强调应用性和实践性,"国际贸易实务专题"课程教学中也应坚持应用性和实践性的专业特色。

1. 要求学生课前完成本科国际贸易实务理论和实验的学习

在国际商务专业硕士的同学中,有些同学本科学习国际贸易和国际商务专业,对国际贸易实务有较好的基础;有些同学读其他财经类专业,了解国际贸易,但不知道国际贸易实务的具体流程;还有一些同学则来源于非财经类专业,如机械、物理、农业等，对国际贸易实务基本没有概念。学生基础差异太大，教师在上专业课时，很难把握一个统一的尺度。因此要求本科没有学过国际贸易实务的学生在上"国际贸易实务专题"课程前，自学本科国际贸易实务的内容，并开放学校的 SimTrade 软件，要求学生自行完成 3 笔交易，其中必须包括 T/T＋FOB 和 L/C＋CIF 的组合。有了本科国际贸易实务的基础知识，加上模拟实验软件的学习应用，所有同学都对国际贸易实务的流程有大致的了解，在应用性和实践性上有一定的基础，便于课程教学的安排。

2. 大量运用来自实践的真实案例

推行案例教学法提高学生独立思考和创新能力。国际贸易实务教学的相关案例大多来源于实际业务，通过案例教学可以让学生尽早接触企业实践内容。运用实际案例解释基本概念更容易加深学生对理论知识的理解，同时也能积累处理实际业务的经验，加强理论与实际的联系，拓展学生的思维空间，培养其应用能力。与本科生不同，研究生教学使用的案例涉及的知识点应该更为全面和综合，如何找到具有典型性、真实性、可操作性和价值性的案例是案例教学中的难点。任课教师通过与外贸企业的定期沟通，寻找发掘并整理出一批来自企业的真实案例。很多时候，企业所采取的措施和取得的效果，与教材上介绍的原则并不相符。这也是文科案例的一个特点，没有标准答案。学生在选择方案的时候，要充分考虑双方的现实情况，即使在给定现实条件的情况下，不同的人基于不同的考量，也会做出不同的选择，只是结果可能不同。

如下面这个案例。英国 A 公司与中国 B 公司在展览会中认识，之后经过洽谈，结算方式约定为：B 出货后将提单传真给

A，收到 A 公司的电汇货款后将提单寄给 B。 此后，A 公司开始下订单，B 安排国内工厂生产并装运出口。 开始几单比较顺利，其后某次 B 出货后将提单传真给 A，A 以手头资金短缺为由要求暂缓付款，并要求 B 先寄提单，待其转卖后再付款。 此时，B 与 A 之间尚有 3 个货柜在海运途中，2 个货柜的订单下给工厂，还有 1 个柜的货物工厂已经完成生产，B 公司应如何应对？

　　这种案例可以有很多种选择方案，需要综合运用所学知识进行分析、讨论，对案例进行深入思考、判断，学生可以在课堂上就自己的观点看法陈述和辩论。 实践中，B 公司的采取的做法是一般人不会想到的做法，与教科书里的标准不一样，但是起到很好的效果，圆满解决问题，可以在学生充分讨论之后公布，让学生进行评价。

第三节　新开课程：文化与国际经贸

一、课程开设的背景

　　随着中国对外开放的不断推进，企业对外投资和国际贸易的步伐和规模逐渐扩大，文化在国际经贸中的地位日益凸显。 文化虽然在对外经济贸易中看不见、摸不着，但却对国际经贸的顺利开展起着至关重要的作用。 有企业家将文化报表作为企业并购时要看的财务三张报表之外的第四张报表，充分体现出对外经贸从业人员对文化的重视程度。 中国企业近年来在海外并购的时候遭遇挫折，除了意识形态差异的原因外，一方没有认同对方文化也是一个很重要的原因。 与商品买卖花钱就能买到不同，企业并购是否成功很多时候不是钱的问题。 但是，尽管企业已经高度重视文化在国际经贸中的作用，学界却没有讲述文化与国际经贸关系的实践或理论课程，只有类似国际商务礼仪之类的初级课程，远远不能满足中国对外经贸发展的需求。

为了跟进世界经济的发展现状，国际贸易的研究也逐渐从传统的比较优势理论发展到了如今的新贸易理论，研究文化与国际经贸的学者及其成果逐渐增加。及时跟进现有研究理论和方法是研究生做好科研，发表高水平学术论文的前提条件。

二、教学目的和要求

"文化与国际经贸"是 2018 年新列入国际贸易学术硕士培养方案的课程，主要研究经济文化对国际经贸的影响，通过对有关理论的系统学习，使学生了解文化对国际贸易、国际投资、国际企业管理的影响和作用机理，并结合实践运用所学概念与理论来分析、解决企业国际经贸中的跨文化问题。

本课程旨在介绍文化影响国际经贸的基本原理和方法以及已有的成果。要求学生在学习了国际经济学和国际商务的基本内容后，了解这一领域取得的成果及其影响以及最新的进展，尝试从不同角度和层次量化文化这一概念，了解文化影响国际贸易与国际投资和国际商务的路径和机理，并通过案例分析熟悉实际的运作。

课程将从文化的概念和不同国家文化的比较作为出发点，在分析目前国际常用的文化衡量指标的基础上，尝试制定符合中国实际情况的文化指标体系；然后介绍文化影响国际贸易与国际投资和国际商务的路径和机理，并通过案例分析熟悉实际的运作，让学生从理论和实际两个层面，理解文化如何影响国际经贸。

三、教学安排

"文化与国际经贸"初期安排的教学主题和内容见表 4-1。

表 4-1 "文化与国际经贸"拟定的教学安排

主　题	主要内容
第 1 讲 导论	一、课程背景 二、研究对象 三、课程内容概述 四、本课程安排
第 2 讲 文化的概念和不同国家文化 的比较	一、文化的概念 二、跨文化分析模式 三、中国文化的特征 四、东西方价值观 五、文化的量化
第 3 讲 文化与国际贸易	一、文化在国际贸易中的重要性 二、文化影响国际贸易的机理和路径 三、案例分析
第 4 讲 文化与国际投资	一、文化在国际投资中的重要性 二、文化影响国际投资的机理和路径 三、案例分析
第 5 讲 文化与国际企业管理	一、文化在国际企业管理中的重要性 二、企业文化和企业制度 三、跨文化沟通 四、跨文化激励与领导 五、案例分析

课程采用课堂教学、文献导读、案例分析、小组讨论相结合的方法。考核方式为论文，成绩评定标准：平时的文献阅读和翻译、案例分析、作业以及课堂讨论发言作为平时成绩，占 50%，期末论文占 50%。

完成一、二轮教学后将根据该领域前沿发展情况、教学实际情况和学生反馈，调整教学内容安排和教学方法。

第二篇
创新创业篇

　　目前全国 1200 多所本科院校中，有近 800 所开设了国际贸易专业，如此大规模的学生数量，使得国内高校国际贸易学科的发展方向出现分化。一部分本科招生规模较小，经济理论课程底子深厚的国内一流的综合性大学坚守在国际贸易教学理论研究的主阵营，主张国际贸易学科的发展要强调理论教学与理论研究方法的国际化，坚守国际贸易教学的理论研究精英培养方向。应该承认这些高校的学科追求是有一定的合理性的，因为这可能打下民族学科理论发展的基础，学科的发展毕竟需要"阳春白雪"，但也应该看到国内绝大部分财经类院校国际贸易专业的培养目标定位于国际贸易应用型人才的培养，着重培养具有解决对外经贸领域各类实际问题能力的操作型对外贸易人才。

　　近年来，随着世界经济发展的不断变化，我国对外贸易面临的国际环境日趋严峻，转变对外贸易的增长方式已经得到社会各界的普遍共识。同时，我国对外开放的领域从制造业向服务业拓展，制造业的开放从传统制造业向现代制造业开放延伸，我国企业对外投资的规模迅速增加，跨国经营要求剧增。这些变化使得社会对国际贸易人才的要求不断提高，要求肩负人才培养重任的高等学校调整人才培养目标和规格，培养更多市场急需的具有国际视野、熟悉国际商务运作规则和方法、跨文化沟通能力强的国际贸易创新创业型专门人才。

浙江工商大学地处国家经济发展的中心——浙江省及长江三角洲地区，区域经济发展水平在全国领先，世界500强跨国企业中已有80％落户，区域内企业类型丰富，国际贸易运作手段先进，方式多样，对人才需求呈现多层次、多规格要求，对国际贸易创新创业型专门人才的需求更为迫切。基于这些现实情况，我们早在十年以前就开始对国际贸易创新创业人才培养进行深层次的思考和深入的实践探索。

创新创业教学内容的创新需要建立科学的创新创业教育理念，要从培养创新型人才的高度看待创新创业教育，进而进行顶层设计。结合自身实际和学科资源优势，将创新创业教育融入教学内容的各个环节。将创新创业教育全方位融入本专业的课堂教学和实践教学中，通过创新创业基础课程和行业前沿等学术讲座的形式开展创新创业教育的基础活动，开设系列创新创业的选修课程，提升学生的创新创业实践能力。

第五章
本科创新创业教育改革实践

　　2014 年 9 月，在夏季达沃斯论坛上，李克强总理首次在公开场合提出"大众创业、万众创新"的号召。此后，创新创业这一关键词频繁地出现在各种场合和政府文件中。国务院先后下发《国务院办公厅关于发展众创空间推进大众创新创业的指导意见》和《国务院关于大力推进大众创业万众创新若干政策措施的意见》文件，明确提出要支持大学生进行创新型创业。各级地方政府也随之纷纷出台相应的政策和文件，鼓励大学生创新创业，各类企业、组织踊跃加入。因此，近年来创新创业教育已经在国内多数高校广泛开展，创新创业大赛、第二课堂、技能训练等活动进行得如火如荼。

　　与大多数地方财经类院校相同，浙江工商大学国际贸易系对创新创业教育非常重视，推行了一系列创新创业教育的教学改革措施。不同的是，由于身处浙江这个民营企业创业的热土，更早地感受到了国际贸易专业中民营企业创业的热潮，所以浙江工商大学早在 2008 年就开始进行创业教育方面的尝试，而且创新创业教育一直强调专业、学校和地区特色。

第一节　本科课程体系改革

国际贸易专业的学生要想在外贸领域进行创业，并且逐步发展壮大，创新创业教育和专业教育二者必须有机结合。要将创新创业教育与国际贸易专业的理论教学和实践教学有机结合，必须要引入创新创业教育意识，调整培养目标，将创新创业作为培养目标的一部分，全面修改专业培养方案和有关课程的教学大纲。

作为应用型本科院校，浙江工商大学在开展创新创业教育时，应充分考虑浙江省对外贸易和民营经济发达的地域特点和浙江省重点专业、特色学科的专业优势，构建符合地方人才培养需求的专业教育与创新创业教育融合的教育体系，提高大学生将理论和实践结合的能力，拓宽大学生创新思维，激励大学生自主创业。

一、不断更新"创新创业"含义

之前我们对创新创业的理解，是把创新和创业分开来的，重点在创业。创新是每个老师在上课的时候结合课程的前沿理论和现实情况，讲一些新的理论，与学生讨论对新鲜事物的理解，由各任课老师自主把握。而国际贸易专业学生的创业，大多是传统的外贸出口创业，2008 年开设"外贸企业与运作"就是以传统外贸出口创业为基准进行介绍，当时围绕外贸企业创业还开设了其他一些课程，并相应增加了实践时间，这非常契合当时浙江民营企业出口迅猛发展的现实需求，实践中取得了非常好的效果。

国家提出"大众创业、万众创新"的号召，外贸领域的创业形式，也增加了跨境电子商务、市场采购等新兴形式，并迅速在实践中掀起热潮，需要我们快速做出教学调整。我们开始把创新和创业结合起来，创新创业是指基于技术创新、产品创新、品牌创新、服务创新、商业模式创新、管理创新、组织创新、市场创新、渠道创新等方面的某一点或几点创新而进行的创业活动。

因此从整个国际贸易系的角度，除了培养方案中构建"专业知识＋创新创业"的课程体系，还强调课程内容要体现"专业知识＋创新创业"的思想，教学方法和手段符合"专业知识＋创新创业"的定位，教学队伍适应"专业知识＋创新创业"的特点。

二、培养方案中构建"专业知识＋创新创业"的课程体系

在完善传统国际贸易实践类课程教学的基础上，根据我国对外经济贸易发展的新情况，开发一些新型的国际贸易创新创业类课程以及一些有助于国际贸易专业毕业生创新、创业的课程。通过将创新创业教育与国际贸易专业的有机结合，围绕"专业＋创新创业"，构建了有针对性、时效性的创新创业教育课程体系。

近10年来，国际贸易专业的本科培养方案中陆续增加了很多创新创业方面的课程，如"外贸企业创业与运作""国际金融实务""国际电子商务""国际商务谈判""世界贸易组织与国际惯例""世界经济史""专业导论""公司制度概论""外贸企业风险管理""国际财务管理""国际物流管理"等，这些课程的设置都是紧紧围绕着国际贸易专业的发展而进行创新创业的课程；其他诸如"通识课程""大学生就业与创业指导""大学生职业生涯与发展规划""创新与创业""素质拓展"等，是配合学校的要求，设立普通的、适用于所有专业学生的创新创业课程。要求学生在校期间要获得一定数量的创业教育学分，并将其作为

学生毕业的前提条件。 此外，由于课时安排有限，鼓励学生辅修日语、法语、韩语等语言类专业，跨专业的学习能够拓展知识面，直接激发学生创新创业的思维，熟悉国际经贸中跨文化交流，增加创新创业的能力。

适合所有专业的创新创业教育，安排在大学阶段的前期和后期，前期主要培养学生的创新创业意识和兴趣，后期则是学生对未来有大致方向后，相应创新创业能力的进一步提升。 通过建立创新创业学分积累与转换制度，将学生参与竞赛、课题研究、项目实验等活动认定为课堂学习，将学生的创新创业实践活动充抵为专业实习学时，将学生开展创新实验、发表论文、自主创业等情况折算为学分。

针对国际贸易专业的创新创业教育，安排在大学阶段的中后期，培养学生在专业领域的创新创业意识，让学生结合专业理论和现实情况思考创新创业，能够寻找并发现国际贸易领域的创业机会，学习专业创业的能力和知识。

配合"专业知识＋创新创业"的课程体系，在专业性的创新创业课程之外，辅助增加常态化的专业性创新创业讲座，通过校外专业人士的精彩演讲，启发学生将创新创业与所学专业有机地结合起来，在挖掘本专业应有的创新性、创造性教育内容的同时，融入或渗透有关创业教育的理念，培养和丰富学生在专业学习中的创新意识和创业知识。 专业性的创新创业课程体系，与常态化的校外专业性创新创业讲座，理论与实践的有机结合共同组成了完整的创新创业知识平台。

三、课程内容要体现"专业知识＋创新创业"的思想

首先，鼓励专业任课老师根据每门课程的特点，在课程大纲中加入创新创业内容，并适当增加实践教学的课时比重。 国际

经济与贸易专业的很多课程,都带有非常强的实践性,如"国际贸易实务""国际贸易模拟实验""国际市场营销""国际商务""国际金融实务""国际电子商务""国际商务谈判""世界贸易组织与国际惯例""国际服务贸易""国际财务管理""国际物流管理"等。 除了开设专门的创业课程,可以根据每门专业课程的具体情况,适当增加创新创业的内容,让创新创业融进每个学生的脑中。

其次,灵活的教材选定,鼓励选用结合创新创业教育的专业课教材,如带有创业板块或者专题的教科书。 有些课程很新,如"外贸企业创业与运作"课程,实践中完全没有相应的教材,先使用教师自编的讲义,并组织力量,准备自己编写相应的教材。

四、教学方法和手段符合"专业知识＋创新创业"的定位

传统课程采用"满堂灌"的教学形式,采取注入式的教学手段。 学生的积极性调动不足,阻碍了学生创造性的发挥,教师主宰课堂,学生被动接受知识非常不利于学生与教师间的交流、互动和理解。 因此教学方法和手段要符合"专业知识＋创新创业"的定位,除了创业课程中紧密结合专业,专业课程中加入创新创业的元素,还需要对教学方法进行变革,对教学手段进行革新,改变以老师为主的"满堂灌"的传统形式,充分发挥学生的自主性,体现教师的引导性。

把能否做到"学以致用"作为评判创新创业类课程教学成败的一个客观指标,教师结合各自课程的不同特点,运用多种教学方法和手段,如启发式教学法、案例教学法、模拟教学法、项目教学法、角色扮演等,尽可能增加课程的实践时间,激发学生的创新创业意识,强化学生创新创业能力与实战能力的培养和训

练，从而使每个学生都具备一定的创新创业能力。

推行"读、写、议"。教师在每学期初将阅读资料和书目发给学生，要求学生在一定选题范围内根据相关理论和实践完成论文，安排至少一次课堂讨论。使课堂教学和学生课外学习得到有机结合，拓展了教师教学的空间，增强了学生学习的自主性和探究性，在培养学生的创新精神和创新能力方面收到了很好的效果。

推行小班制开放、交互式教学。通过与企业、政府、行业协会进行形式多样的合作，较好地实现了校内教师、学生与校外行家的开放互动。小班制使开放交互的教学方式充分发挥作用，让每个学生都能在有限的教学时间内得到充分的指导。

充分运用参与式、启发式、探究式、讨论式等教学方法，增加课堂讨论、案例分析、课后小组讨论、大型作业、课内学生发言的次数和分量。培养学生从发现问题、分析问题到解决问题及总结表达的综合实力，提升团队协作能力，学习的自主性和创新性得以提高，提升所学知识的实际运用能力。

融合线上线下的教学方式，几年前建设国家级精品课程和国家级精品资源共享课"国际贸易实务"时，全套教学资源已经上传网络，包括视频、图片、文本等资料，使学生课前完成相关知识的学习，把课堂变成了老师与学生之间和学生与学生之间互动的场所，从而实现了翻转课堂式教学。此外，2017 年开发完成在线课程"国际贸易""国际商务精讲精炼"建设，慕课"MIB 国际商务"已经在爱课程网站上线并完成两轮教学。

五、教学队伍适应"专业知识＋创新创业"的特点

全球商学院认证系统 AACSB 的统计数据显示，全球商学院在 1990 年只有 28 家有创业教育课程。但到 2008 年，就有约

1600 家商学院开设了创业教育课程。 时至今日，几乎所有的大学商学院都已经开设了创业教育课程。 创业导师或创业教授的教职数量在 1990 年时只有 26 个，2008 年已经有了 366 个。 虽然数量呈几何级增加，仍然处于紧缺之中。 国内各高校也是创业老师稀缺。

全国范围内国际贸易创新创业类课程教师队伍的建设普遍较为薄弱，同高校师资管理体制有关。 几乎所有的高校对新进教师的基本要求都是博士学位，绝大部分的教师是从本科、硕士一路到博士或博士后，继而进入高校，其间不太可能有长时间的国际贸易实践和积累。 而具有讲授好国际贸易创新创业类课程条件的潜在教师主要分布在对外经济贸易工作的第一线，普遍不具有各高校要求的博士学历，即便愿意也无法调入相关高校。

我们通过"外引"及"自主培养"相结合的方式优化国际贸易创新创业类课程的师资队伍。 所谓"外引"就是从各涉外经济部门的第一线聘请能够生动讲解国际贸易创新创业实务的兼职教师，以克服国际贸易创新创业优秀教师难以引进的短板；从国内高校短期聘请最优秀的国际贸易创新创业课程教师来校开展课程示范教学。 当然，也可请已经毕业且成功创业的校友来讲解创新创业专题。 所谓"自主培养"就是鼓励课程教师到实际部门中去参加实训，以获得从事国际经贸实际工作的感觉，做到理论与实际的相得益彰。

同时，得益于学校的蓝天计划和大地计划，很多专业教师有国外访学半年或一年的经历，也有去企业、政府部门锻炼的机会，再加上近年来海外博士的大力引进，校内师资队伍的实力明显增强。

第二节 国际贸易专业创业教育的创新性改革实践

在专业创业教育实践中，我们通过广泛的前期调研和精心准备，创新性地开展了两次项目实践，取得了较好的效果。

一、"国际贸易＋工科/二外"的教学改革

在国际贸易专业同学毕业就业时，除了要面对国际贸易专业其他同学进行直接的竞争之外，还有两个专业类别也是有交叉的激烈竞争：语言类和工科类。

语言类是因为国际贸易实际工作中必须要用到，虽然国际贸易专业的同学对英语有一定的要求，但是现在对英语国家的国际贸易竞争相对比较激烈，非英语国家因为语言的关系从业人员不是很多，竞争相对比较缓和。目前根据教育部的相关规定，六级已经不再是毕业的硬性要求，国际贸易专业虽然有开比较多的非英语类课程，但与英语专业同学相比，语言水平客观上存在较大的差距。所以在一些以非英语国家为主要市场的企业，招聘国际贸易的人才通常会在小语种专业里面去找。非英语专业毕业的同学，用语言的优势，可能经过一定时间的培训，即可从事国际贸易的工作。

所有的国际贸易都是以具体的商品为载体完成的，因此在一些专业性比较强的外贸公司，如化工、机电、纺织等进出口公司，招聘国际贸易人才的时候，更多的会在化工、机电、纺织等专业招聘，原因就是工科专业的毕业生的英语水平和专业知识要远远超过国际贸易专业的同学，他们学习国际贸易专业知识包括商务英语的难度，远远小于国际贸易专业的同学学习工科专业知

识和专业英语的难度。再加上工科专业毕业的同学不仅熟悉产品的生产技术、制造流程和技术标准，便于和国外客户沟通，而且通常有很多的同门师兄弟在这个行业中工作，比较容易找到合适的供应商，并能拿到很好的交易条件。

鉴于国际贸易专业就业和创业的特殊性，我们在教学中，建议学生在校期间在语言和工科方面，提前进行准备。学生毕业的时候，有可能具备"国际贸易＋工科＋二外＋创业"的完美知识结构。

语言方面，鼓励同学努力在大二通过大学英语六级考试，之后根据自己的兴趣，如果还是对英语感兴趣，可以往专业英语方向去提高，除了可以在国际贸易和国际商务中纯熟运用英语，也可在跨文化交流方面有所提高；如果对其他语言感兴趣，鼓励学生在后面两年学习一门二外，以后有更广阔的应用空间，学校目前有开法语、日语、韩语、阿拉伯语等小语种专业，来自各国的留学生数量众多，可以充分利用校内的优势资源，网络上也有非常多的其他语言可以选择。

工科方面的知识储备，有两种方法。一种是在"国际贸易实务"课程中，根据自己所选的产品，对各项合同条款有所了解，大致知道中国、浙江这个产品在国际上的竞争力和发展前景，再结合自身的情况，如学生所在地区的特色产业、周边亲戚朋友的各种资源，如果已经选定产品，则在后面的两年中，多方面了解该产品的相关资料，除了可以在网上搜集货源、生产工艺、技术指标等情况，也可以通过下沙高校群相应专业课程，寻找相关资源。我们也结合学校自身情况，向学生推荐如食品、化工等工科优势专业，并且与教务处和相关院系沟通，开设适合国际贸易学生的工科选修课"食品商品学""食品原料学""食品储藏与保鲜""化工商品学"。除学校硬性规定，学生可以在全校其他专业教学计划中的必修课和专业选修课或学校认定的校际选修课中选课，学分可以抵全校任意选修课的学分。

"国际贸易专业知识＋创新创业＋工科知识＋二外"的改革实践，得到学生的高度认可。

二、"国际贸易创意经营项目"竞赛

我校为培养学生创新创业的意识和能力，提高学生的综合素质，鼓励学校广大学生积极开展与专业密切相关的创新创业等活动，切实增强学生的就业竞争力，开展了"国际贸易创意经营项目"竞赛活动。

"国际贸易创意经营项目"比赛活动，贯彻"组队参赛、平台支撑、自主创新"的原则，即学生自由组队拿出国际贸易创意经营的方案，经比赛选拔出优秀项目，可进入文科实验中心孵化实施。学校配备国际贸易实践指导教师，并聘请外贸企业资深业务员担任导师，共同指导，使学生可以在校内开展国际贸易创意项目，将课堂理论用于指导实践，实现与创新创业的无缝对接，具体流程如下。

①竞赛的报名工作，面向全校二、三年级在校全日制本科学生。报名分团队和个人两类，学生如已完成组队，以团队形式报名；若尚未完成组队，也可先以个人名义报名，之后组队参赛。

②团队人数以 3—6 人为宜，其中必须有国际贸易专业的学生，鼓励全校其他专业如电子商务、财会、工商管理、金融等专业的学生，也可以在项目计划、运作中发挥重要作用。

③团队须有生产企业或外贸公司的资源，项目以生产企业或外贸公司在校内的分支机构为平台，以其外贸部的名义开展进出口业务，并就如何寻找合适的进口商或出口商，如何通过交易磋商达成合同并实际履行，提出有创意的具体方案。

④团队成员可以利用假期去生产企业、外贸公司实习，增加感性认识，并与生产企业、外贸公司就在校内设分支机构及其后人员考核、业务分成等内容达成协议。

⑤团队就如何在平台的基础上开展国际贸易创意经营提交具体计划、方案，比赛通过校内教师和校外专家的评审，评出一、二、三等奖若干，获奖项目组成员可以此获得创新学分。 其中一、二等奖可以获得项目立项，给予一定的资助，项目可以进入校文科实验中心孵化实施。

⑥校内导师主要由国际贸易等专业教师配备，每周至少指导一次。 聘请多名校外导师，定期与所有项目组成员进行沙龙式沟通，探讨、解决实际问题。

该项目是经过与很多外贸企业创业人士多次商讨、精心设计的，浙江省拥有数量众多的民营中小企业，学生比较容易在周边找到相应的工厂资源，以工厂为平台拓展对外贸易，贸易有一定的方向和基础，实践中便于达成交易。 事实证明，学生报名非常踊跃，其后择优选择 6 支队伍进入实施孵化阶段，效果很好，极大地提高了学生创新创业的积极性。

三、将外贸新业态及时融入教学实践

1. 外贸新业态兴起

2013 年起，中国超越美国成为全球第一大货物贸易国。"头把交椅"的背后，是中国贸易质量和效益参差不齐的长期状况，外贸发展不平衡、不协调、不可持续问题长期存在。 近年来，随着土地、人工、能源、环保等要素成本增加，传统外贸方式的增长陷入停滞，我国依靠资源优势、劳动力成本等要素支撑的传统外贸发展模式亟待转型。

目前，我国外贸正在实现由大到强的历史性转变，以技术、标准、品牌、质量、服务为核心的外贸竞争新优势加快形成，新技术、新业态、新模式正在成为外贸发展新的动能。

近年来中国贸易方式发生明显变化，过去加工贸易占比高达60％，一般贸易和其他贸易约占40％。现在的趋势是一般贸易占比缓慢增加，加工贸易不断减少，而有别于传统贸易方式的外贸新业态却发展迅猛。

根据 2016 年《国务院关于促进外贸回稳向好的若干意见》《对外贸易发展"十三五"规划》，外贸新业态界定为跨境电子商务、市场采购和外贸综合服务企业三种类型。

（1）跨境电子商务

跨境电子商务是指分属不同关境的交易主体，通过电子商务平台达成交易、进行支付结算，并通过跨境物流送达商品、完成交易的一种国际商业活动。在我国外贸发展面临较大压力的背景下，跨境电商有助于拓展新的外贸发展空间，并改变我国在国际产业链分工中处于较低水平的定位，从而实现外贸优进优出、升级发展。跨境电子商务被认为是提振外贸的方式之一。

国家从 2013 年开始开展跨境电商 5 个试点城市（上海、重庆、杭州、宁波、郑州）的进行，杭州、宁波获批跨境电子商务综合试验区，其后跨境电商试点城市快速增加，由于市场空间巨大，吸引了很多年轻人创业，高额的回报也让大量资本快速进入。

根据海关的数据，2017 年通过海关跨境电商管理平台零售进出口总额达到 902.4 亿元，同比增长 80.6％。其中出口 336.5 亿元，增长 41.3％；进口 565.9 亿元，增长 116.4％。近三年来，我国海关跨境电商进出口额年均增长 50％以上。2017 年我国在这一领域中国海关办理跨境电商进出口清单 6.6 亿票，是进出口货物报关单的 8.4 倍。

（2）市场采购

市场采购是指在经认定的市场集聚区采购商品，由符合条件的经营者在采购地办理出口通关手续的贸易方式。 市场采购贸易方式出口的货物直接免征增值税（包括以增值税为计税依据的城建税、教育费附加和地方教育附加等），在征收方式上采取不征不退的方式，即市场集聚区的市场经营户未取得或无法取得增值税发票的货物均可以市场采购贸易方式出口。

2013 年国家同意在义乌试行市场采购贸易方式，在义乌试点已经取得明显成效的基础上，2015 年增加江苏海门和浙江海宁两个地方试点，2016 年进一步扩大到江苏常熟服装城、广州花都皮革皮具市场、山东临沂商城工程物资市场、武汉汉口北国际商品交易中心、河北白沟箱包市场等市场。

2017 年，商务部重点联系市场进出口额 2133.6 亿元，增长16.5％，增速比外贸进出口总额增速快 2.3％。

（3）外贸综合服务企业

近年来，外贸综服企业以互联网信息服务平台为载体，为外贸企业特别是中小企业报关报检、物流、退税、结算、融资、信保等进出口环节提供一体化专业服务，在降低企业成本、促进成交、开拓市场、缓解融资难融资贵等方面发挥了积极作用。 开展综服企业试点，将有利于推动监管模式创新，提高贸易便利化水平，有利于促进外贸稳增长、调结构。

2016 年 9 月，商务部会同海关总署、税务总局、质检总局、外汇局等部门在全国范围内选择 4 家外贸综合服务试点企业，探索有利于外贸综合服务企业发展的管理模式。 试点工作将针对综服企业特点，按照"稳妥推进、责权对称、风险可控"的原则，着力在创新监管方式等方面先行先试，通过制度创新、管理创新、服务创新和协同发展，逐步形成适应综服企业发展的管理模式，为推动综服企业健康发展提供可复制、可推广的经验。四家外贸综合服务试点企业服务中小企业数量超过 4 万家。

2. 教学相应调整

首先，适时调整课程体系和教学内容。跨境电子商务试点开始后，教师及时将其内容加入原有的"外贸企业创业与运作""国际电子商务"课程。为提高学生对国际贸易的正确理解，在"国际贸易实务"课程中加入国际贸易中的文化差异等内容。定期与相关企业、政府、行业协会等专业人士座谈，探讨培养方案和课程教学计划、内容的调整和优化。及时了解业界的动态和对所需人才要求的变化，以便根据学校情况进行改进和完善。

其次，科研和校企结合促进教学。由于身处浙江这块外贸新业态发展的前沿阵地，广大教师以饱满的热情投入其研究和建设的工作之中。如学校与义乌小商品城有着长期的良好合作关系，著名的"义乌·中国小商品指数"，就是由浙江工商大学编制完成的。义乌国际贸易综合改革试验区刚成立，学院就与义乌小商品城和义乌国际贸易综合改革办公室进行对接，洽谈合作，就市场采购贸易模式和综合改革如何发展展开调研和探讨，完成了若干高质量的课题，并发表了一些高质量的论文。杭州跨境电子商务试点刚一开始，学院老师就积极关注，与中国（杭州）跨境电子商务综合试验区进行沟通，多次走访下城园区、下沙园区和江干园区，为各个园区的发展和综试区的建设出谋划策，部分教师主导、参与了省内其他跨境电商园区的规划。外贸综合服务试点企业试点政策出台之前，系里老师已经开始关注、调研、研究一达通的模式和经营，试点政策出台后，马上联系合作外贸综合服务企业——浙江圣云通网络科技有限公司，目前已签署校企合作协议，并成立联合实训基地。

对外贸新业态实践的充分认识和深入研究，教师在平时授课和带学生竞赛、实习、论文过程中，不断传授新知识，增强学生在外贸新业态领域的创新创业意识和能力。

最后，丰富实践内容。 带学生去跨境电子商务产业园、阿里巴巴、梦想小镇等外贸新业态相关企业和部门参观，现场教学的直观体验是课堂教学无法比拟的，教学效果明显提升。 开设外贸新业态相关讲座，增加学生的感性认识和兴趣。 在学科性竞赛和课题研究中引入外贸新业态元素，带领、引导学生自主学习、实地调研、深入研究。 校外依托与企业共建的实习基地，让学生实际接触、了解、思考外贸新业态，现有实习基地已覆盖外贸新业态的全部三种类型。

第三节　创新创业教育贯穿课内外

创新创业教育要落到实处，仅仅依靠课程体系、课堂教学是不够的，还要通过学业指导体系化、不同层次学科竞赛常态化和实践环节多样化，才能将创新创业教育贯穿于课程内外，通过润物细无声的方法让创新创业的意识在学生脑海中自然生长。

一、始业教育和学业指导体系化

"五位一体"加强学生学业指导体系。 即"专业导论课程＋寝室之友＋科技导师＋创新导师＋本科生导师"五项制度。 新生进入学校马上开设"国际经济与贸易专业导论"，详细说明国际贸易专业的学科体系、学科特点和学习方法等；从一年级开始为每个学生寝室配备一名教师作为寝室之友，解决学生生活和学业上的问题；每个班配备一名专业科技指导教师，提供课程、科研立项以及生活、身心方面的指导；创新导师则对学生创新竞赛活动提供帮助和指导，使学生积极参与到第二课堂过程中；本科生导师提供小规模的学生学业指导，对于培养学生的学术兴趣、完成学术小论文写作有非常积极的作用。以学生为本，立足于每个学生个体，依靠教师的经验和知识，针对学生遇到的各种问题和困惑，提供建议，帮助学生少走弯路，提高学习效果和培养质量。

建立学生专业咨询机制。建立以专业负责人、系主任、副主任为主的专业咨询机制。负责从新生入学的专业介绍到不定期的专业座谈会，以及日常的邮件解答等本科生专业咨询，让学生充分了解国际贸易专业的专业特点、课程设置及就业方向，为学生个人发展指明方向。

提供细致全面的专业指导与支撑。通过导师在学生的专业学习、就业实习、科研论文写作以及日常生活等多方面进行因材施教的指导，建立新型的师生关系。通过当面指导与书信、邮件、电话、短信相结合的方式，采取集中与分散相结合的指导方式，对学生面临的共性问题，召集学生共同研究、探讨制定解决问题的办法和途径，对于学生的个性问题及时予以个性化的指导，解决学生在学校所遇到的困惑与问题，提高本专业学生培养质量。同时编写专业学习指南，帮助学生了解本专业情况，提高学生对专业的理解力和认同感，增强学习的针对性和积极性。

定期开展"教授论坛"。学院层面定期举办"教授论坛"，论坛每期由学院教学、科研经验丰富的4—5名教授组成，学生与教授面对面交流，教授论坛的主要职能一是就学术研究方面的工作对学生开放，介绍最新的研究成果或可能的研究方向，二是就面向全院学生对学习、生活、学科竞赛、实习实践、毕业论文等多方面的问题进行交流提问,分享人生经验,"教授论坛"已经成为学生与教授之间进行沟通联络的形式之一。

二、指导学科竞赛常态化层次化

指导学生参与科研项目以及参加科技竞赛是落实创新创业实践的重要形式。 学科竞赛能全面考查学生各方面能力,包括创新创业和学术方面。

为了体现不同的层次,为争取更高的奖项做准备,经济学院还单独举办"经济杯"学生科技作品竞赛,包括学术科技作品竞赛、创业计划竞赛、暑期社会实践带课题下乡活动等方面,让更多的同学可以参与其中,并在其中选择优秀的项目,参加校级和省级乃至国家级项目竞争。

通过指导学科竞赛常态化层次化,在师生的共同努力下,近年来国际贸易专业的学生在国家和省级的各类竞赛中取得了很好的成绩。 2018 年获得浙江省挑战杯创业实践挑战赛金奖、第四届浙江省"互联网+"大学生创新创业大赛银奖。(见表 5-1)

表 5-1 近年来国际贸易专业学生获国家级和省级奖项数量(项)

奖项级别	2014 年	2015 年	2016 年	2017 年
国家级	4	6	4	11
省级	15	16	23	28

以不同层次的学科竞赛为载体,做到实践教学贯穿大学四年各个阶段,与学生的理论知识教学相互促进,以促进学生综合能力和研究能力的培养目标。 越来越多的学生对学术产生了比较浓厚的兴趣,使得学生毕业后选择读研的人数逐渐增加。(见表5-2)

表 5-2　近年来国际贸易专业学生国内和出国读研人数(人)

读研地点	2014 年	2015 年	2016 年	2017 年
国内	6	5	15	2
国外	10	10	21	20
合计	16	15	26	22

国际贸易专业近几年每年招生人数在 110 人左右,其间学生通过转专业有进有出,最终毕业人数可能相差十几人。 通过创新创业教育改革实践,学生在校期间学习积极性普遍较高,毕业时总体质量大幅上升,近两年学生的毕业率和学位率达到100%。 从历年实习单位反馈情况来看,我校国际贸易专业的业务素质和操作能力普遍获得高度评价,近五年国际贸易专业毕业生平均就业率达 95% 以上。

三、实践环节多样化

努力增加培养方案中的实践教学环节(实验、实习、毕业设计、社会实践等)的课时,通过合理配置构建以实践应用能力培养为主体,按基本技能、专业技能和综合技术应用能力等层次循序渐进地安排实践教学内容,将实践教学的目标和任务具体落实到各个实践教学环节中,让学生在实践教学中掌握必备的、完整的、系统的实践技能。

结合国际贸易专业的实践性要求,积极探索构建系统化的实践教学体系,将相关课程与实践进行有机结合。 这一体系主要包括基础实践、综合实践、创新实践以及社会实践,将课程实习、过程实习、寒暑假社会实践、创业竞赛等与理论学习以及科学研究有机地结合起来,有效提升学生的实践能力以及创新精神。 其中基础实践主要针对专业理论课程进一步理解及运用，利用国家级文科实验中心、国际贸易模拟实验室以及教学实习基地开展课程实践以及第二课堂实践。 例如通过开设"经济政策模拟实验"这一基础实验课程来培养学生对经济数据的收集分析整理能力；通过在国家级文科实验中心建立国际贸易实验公司，使学生摆脱纯粹的仿真实验而进入实战领域，经过真实出口业务的达成，综合训练了学生应用各科知识开展业务的能力；"创新与创业"课程，学生要能参加学科性竞赛、完成规定项目，才可拿到相应学分；"国际贸易模拟实验"课程环节更是实施创业教育的良好平台，每个学生都可以成立进出口公司，体会经营公司的酸甜苦辣。 通过模拟操作，使学生不仅熟悉和掌握各种业务技巧，更可以体会客户、生产企业、银行和政府机构的互动关系，全面了解一个进出口公司的物流、资金流、信息流的运作。

实践基地提供学生将理论与现实进行磨炼的机会。 为建立专业和行业、企业、事业单位的联合培养人才机制，提升学生的创新精神和实践能力，通过前期的准备和建设，我们与浙江有关部门和外贸相关企业逐渐建立起长期的合作关系，目前已建成18个校外实践基地。 这些校外实践基地的建成，为顺利完成实践性教学任务提供了坚强的硬件保障，实习基地能较好地满足学生实习需求。 各实习基地均配有一支业务素质高、认真负责的实践指导老师队伍，专业与实习基地单位一起制定了明确的实践教学任务和相关注意事项。 基地实习活动的专业覆盖面较广，总体规模达到专业学生实习要求。 校外实践基地的建设还处于不断地完善和增加的过程之中，如近年来新增了一些跨境电子商务企业和互联网企业。 为进一步加强与实习基地的联系和合作交流，不定期组织学生和老师到实习基地进行参观、交流，这是专业教育与社会实践有机结合。 在学生实习期间，也组织老师在浙江全省范围和浙江周边范围内对实习学生进行实地调查，了解学生实习期间的动态，对实习期间碰到的问题及时给予指导和帮助。

除了固定的实习基地外，还开辟了一些临时的实习基地，组织学生宣传国家经济政策，服务地区经济社会发展需要。近年来利用暑假，不定期组织学生到义乌小商品市场、宁波保税区、镇海九龙湖镇等地进行大学生暑期社会实践，开展社会主义新农村建设、经济发展方式转变、国家和浙江省"十三五"规划等经济政策解读和理念宣传，由有经验的教师带队，广泛深入到社区、工厂、农户、街道等基层进行宣讲，同时也通过问卷调查、个别访谈、座谈会等形式真切体验国情、省情、民情，拓展学生的知识面，在社会实践基础上完成的高质量调研报告获得多项大学生科研创新竞赛奖励。

聘请兼职教师和实务导师，由浙江省对外贸易促进委员会原会长、上海市版权协会副会长、杭州银行总行零售金融部经理等近20多名校外专家学者、高级管理人员担任。每学期至少两次聘请各行业、企业，以及政府、研究机构的相关专家来我校开设"实务精英讲座"，或以"实务导师进课堂"等方式为在校生授课及交流，加强学生对现实社会经济问题的理解和认识，开阔学生的视野，深受学生们的欢迎，取得了良好的成效。

带领学生参观阿里巴巴、外贸企业、跨境电子商务产业园、国际物流企业、梦想小镇等专业相关单位，增加学生对国际贸易实践的感性认识。选择部分企业将了解其创业经历和经验作为学生参观的任务之一，尽量安排学生与企业家面对面的接触。而且所参观的企业，不仅限于大企业，小型外贸公司和物流公司等的成立和成长过程也可以为学生带来许多收获。

每学期邀请学术大家开设学术讲座，相关企业中高层开设专业讲座和创业讲座，每年召开全国性的学术会议，这些高质量的讲座和会议涵盖学术和创新创业等国际贸易专业相关的理论和实践内容，极大拓宽了学生的视野，提高学生对学术和创新创业的热情和能力。

第六章

国际商务专业硕士创新
创业教育改革与思考

国际商务硕士专业学位教育是以培养具有社会责任感与职业道德、全球视野和创新意识、国际商务专业技能与素养、跨文化沟通能力，能够胜任国际化经营与管理工作的国际化、高层次、应用型、复合型专门人才为目标的专业学位教育项目。

我国已成为世界第二大经济体和第一大贸易国，对外投资快速发展，构建开放型经济新体制是全面深化改革开放的重要内容。因此，国际商务硕士专业学位教育需要在国际化市场背景下充分发挥学科交叉性、综合性的优势，面向行业需求，培养学生开放的国际视野、跨文化的沟通能力、实践与创新能力，强化学生国际商务专业知识和技能，全面提升高层次国际商务人才的职业化水平。

国际商务具有国际化、跨领域、新业态、高标准的行业特点。随着全球经济一体化的深入发展和我国全面开放型经济新体系的建立，我国国际商务面临着国际经济环境日趋复杂、国际竞争日趋激烈、区域经济合作发展迅速、国内国际市场不断融合、贸易投资一体化、新型商业形态不断涌现、中国企业经营国际化、跨国企业本土化的机遇和挑战；面临着贸易摩擦加剧、高端人才短缺、商务创新能力不足等诸多问题；社会对国际商务高端人才的需求也日益凸显。

经国务院学位委员会批准，我国于 2010 年设立国际商务硕士专业学位，是新增设的 19 个硕士专业学位之一。 国际商务硕士专业学位研究生毕业生将获得研究生毕业证书和学位证书（双证书）。 与国际商务硕士专业学位对应的学术型硕士专业是国际贸易学专业、世界经济专业，三者共同构成较为完善的培养开放型经济体系高素质专门人才的研究生教育体系。

根据国务院学位办《下达 2010 年新增硕士专业学位授权点的通知》（学位〔2010〕32 号），我国共有 78 所高校首批获得国际商务硕士专业学位授权点，浙江工商大学名列其中。

第一节　国际商务专业硕士学位点首轮获批

改革开放以来，浙江省经济发展的最大特点是民营外向型经济，一般贸易出口和对外投资一直走在全国前列，大量民营企业对外投资客观上需要大量的国际商务人才。 当 2010 年国家开放申报国际商务硕士专业学位时，浙江工商大学国际贸易专业立刻着手申报。

一、强大的支撑学科

浙江工商大学以商科见长，拥有很多与国际商务相关的硕士点、博士点，如国际贸易学硕士点 2003 年获批，应用经济学硕士点 2006 年获批，企业管理学博士点 2003 年获批，还有产业经济学、区域经济学、工商管理、西方经济学等硕士点。 具体的支持学科见表 6-1：

表 6-1　申请国际商务硕士专业学位类别的学科条件

学科名称			授权类别	获得该学科学位点授权时间
支撑学科	1	国际贸易学	硕士二级	2003 年 9 月
	2	应用经济学	硕士一级	2006 年 1 月
	3	企业管理学	博士二级	2003 年 9 月
相关学科	1	产业经济学	硕士二级	1998 年 6 月
	2	区域经济学	硕士二级	2006 年 1 月
	3	工商管理	硕士一级	2003 年 9 月
	4	西方经济学	硕士二级	2006 年 1 月

这些与国际商务相关学科经过多年运转、打磨，很多已经成为学校的王牌学科，学科条件齐备，师资和科研力量雄厚，研究生培养经验丰富，为国际商务专业硕士点的申报奠定了坚实的基础。

二、自主设计的课程体系

2010 年首次申报国际商务专业硕士点的时候，全国国际商务专业硕士教育指导委员会尚未成立，缺乏全国统一的国际商务专业学位研究生指导性培养方案，教育部鼓励各校根据自己的情况自主设计相应的课程体系。

我们结合浙江工商大学所处改革开放前沿的区位优势、学校大商科的特色，根据浙江省对外贸易和对外投资走在全国前列的实践，在与相关学科、外经贸企业、相关政府部门进行多

次商讨后，拟定以下课程作为国际商务硕士专业学位试行的课程计划。（见表 6-2）

表 6-2　申请国际商务硕士专业学位拟开设的课程

序号	拟开设的主干课程	拟开设的其他课程
1	国际商务概论	国际贸易模拟实验
2	跨国公司管理	管理经济学
3	现代国际贸易理论与政策	国际物流管理
4	财务报表分析与经营决策	国际人力资源管理
5	国际贸易实务	国际商务谈判
6	国际金融实务	国际运营管理
7	国际投资项目管理	组织行为管理
8	国际营销管理	国际电子商务
9	高级商务英语	国际贸易惯例与规则
10		企业战略管理
11		跨文化管理

拟开设的课程体系完整，针对性强，教学方法多采用团队学习、案例分析、模拟训练等强调培养学生的实践能力。

三、兼职实务导师阵容强大

国际商务专业硕士是针对"职业型"学生设计的以学术为底蕴，注重专业训练，培养应用型、复合型高级专门人才为目的的专业学位。它以培养高素质国际商务专业人才为目标，以培养高级国际商务人才为最高标准。因此，兼职实务导师的配备至关重要。申请国际商务硕士专业拟聘请的实务导师见表 6-3。

表 6-3 申请国际商务硕士专业学位拟聘请的实务导师

编号	单位	职称/职务	专业/实践领域	主要工作成绩及实践活动
1	浙江省人大常委会研究室副主任	研究员副主任	经济政策研究	先后参加 20 多个省委、省政府重点课题,起草和参与起草几十个省委、省政府重要文件和决策建议文稿。浙江省社科联合会常务理事。
2	浙江省商务厅	处长	对外投资和经济合作	主管省商务厅对外投资合作处,是浙江省对外投资、对外经济合作的主管部门。浙江大学宁波理工学院经贸专业建设指导委员会委员。
3	杭州市对外贸易经济合作局	处长	外贸管理和服务	负责杭州市对外贸易中依法行政、WTO 及国际贸易、国际反垄断等工作。杭州市工商联专家库成员;杭州市法学会经济法学分会理事。
4	浙江省国际贸易集团有限公司	董事长	国际商务	主营覆盖对外贸易、经济合作、房地产、实业投资、贸易服务、金融证券、进出口贸易等行业。集团名列中国 500 强企业、500 强服务业;地方国有外贸企业,居前两位。
5	浙江荣盛控股集团有限公司	高级经济师	企业创业与运作	作为董事长带领企业从无到有,从小到大,成为中国 500 强企业和中国民营企业百强企业。萧山区人大常委,中国化纤协会副会长。
6	浙江省五金矿产进出口有限公司	总经理	进出口贸易	浙江五矿公司在境外 6 个国家(美国、德国、俄国、匈牙利、尼日利亚、巴西)和国内设有 10 多家从事生产、贸易、仓储物流等业务的公司。浙江省国际商会常务理事。

续　表

编号	单位	职称/职务	专业/实践领域	主要工作成绩及实践活动
7	浙江省拍卖行有限公司	董事长	拍卖（国内、国际）	浙江省拍卖协会理事
8	上海京沪商标事务所、上海京沪专利事务所、上海京沪版权事务所	所长	国际商标、专利、版权注册和纠纷处理	事务所已与全球120家国际同行建立业务联系。国际商标协会会员。上海市闸北区青联副主席、区政协常委，上海市开业指导专家。
9	Bosch Packaging Technology（Hang-zhou）Co，．Ltd	总经理	General Manager	担任博世包装技术（杭州）有限公司总经理，长驻中国杭州。

实务导师队伍来自国际商务政府主管部门、科研机构的国内高层人士，对相关法律和政策掌握全面、深入，对国际商务相关理论有较深的研究；也有一批来自国际贸易相关企业的中高层人士，有国内的国有企业、民营企业在国际商务领域已经有所建树，也有世界500强的外资企业总经理，能为学生带来更加真实的国际化体验和思维。第一届国际商务专业硕士学生进校后，Bosch Packaging Technology（Hang-zhou）Co，．Ltd 的总经理 Walter Haeck，就来校给学生做了讲座：International Management/Cultural Diversity。学生和老师对世界500强老总的讲座反映非常好，给予高度肯定。总体而言，国际商务专业硕士的兼职导师分布面广，在国际商务理论和实践领域具有较高的造诣和丰富的经验，能保证国际商务专业硕士的培养质量。

此外，学院在"浙江东方集团股份有限公司"等十余家企业、行业相关机构建立了稳定的校外实习基地。

综上所述，国际商务硕士专业学位点，依托我校已有的国际贸易（二级硕士点）、产业经济学（一级硕士点）和企业管理学

（二级博士点）申报，学科条件齐备，师资和科研力量雄厚，研究生培养经验丰富。该专业硕士学科拟开设的课程体系完整，针对性强，教学方法多采用团队学习、案例分析、模拟训练等强调培养学生的实践能力；拥有的一批实践基地覆盖国际商务领域的诸多行业，企业规模大，地区分布合理；实务导师来自国际商务政府主管部门、科研机构、相关行业的国内外高层人士，分布面广，在国际商务理论和实践领域具有较深的造诣和丰富的经验。综上所述，学校的软硬件条件能够较好地保证国际商务硕士专业学位研究生培养的需要。

经过精心准备，浙江工商大学首次申报国际商务专业硕士专业即取得成功，成为当年首批获得国际商务硕士专业学位授权点78所高校中的一员，并在第二年即2011年开始招生。

第二节　对国际商务专业硕士教学改革的思考

现代化高素质的国际商务人才应当具备五种能力：①开阔的国际视野，广博的知识和开拓国际市场的能力；②精通国际经贸知识，并具有很强的国际交流能力和国际商务运作能力，特别是能娴熟地运用一门以上外语开展商务活动的能力；③通晓国际经贸法律和惯例，并具有运用法律解决实际问题的能力；④具有国际经贸实务操作能力，以及熟练运用各和现代化工具搜集信息进行分析、判断和决策的能力；⑤掌握跨文化知识，善于进行国际商务交往，具有了解、尊重并调和文化差异的能力。

2010年国务院学位办批准设立国际商务硕士（MIB），首批78所高校获得培养资格。据统计，2011年65所高校正式招收学生1079名，2012年67所高校招收学生1355名，2013年首批国际商务硕士毕业。 2014 年国际商务硕士培养授权高校新增 20 所（含四川外国语大学），同时取消了 4 所高校的培养授权。 目前为止，共计 94 所高校拥有国际商务硕士培养资格。 复杂多样的国际商务环境对国际商务人才提出了新的要求，但由于起步比较迟，发展时间尚短，目前我国国际商务硕士专业学位教育尚未形成较为完善、科学的培养体系，严重制约人才培养质量的提高，问题主要表现在以下几个方面。

一、我国国际商务专业硕士面临的主要问题

1. 生源质量标准模糊

考生的专业背景和实际经验不同。 入学时学生最好有一定的专业领域内的工作经验，学生是否有专业知识背景和实际工作经验，起点不一样，要求不一样，培养目标和教学体系肯定有所差异。 现在国际商务专业硕士的生源差距很大，因为对本科专业没有限制，有读国际商务、国际贸易等高度相关专业的，也有物理、机械、农业等几乎没有一点相关性的专业考生；大部分考生是应届生，一小部分有工作经验，但大多不在国际商务领域。

考试科目各校不同。 国际商务专业硕士招生入学考试虽然是全国统一组织，但不同学校的入学考试科目并不一致。 科目三有的考“经济类联考综合能力”，有的考“数学三”，难度差异大，导致生源质量标准差异大。 一般考“经济类联考综合能力”的招生单位报考人数较多、生源充足，而考“数学三”的招生单位生源较差、招生规模较小，而且接受调剂也必须是考“数学三”的。 特别是招生人数少的高校无法形成规模效应，某种程度上会制约国际商务硕士人才培养的协调发展。

2. 专业实践的课程体系和教学不尽完善

国际商务交流能力和国际视野作为国际商务硕士的核心职业能力，需要大量专业实践课程支持。由于教育部设立国际商务硕士学位时没有出台全国统一的课程体系，培养高校一般依据全国国际商务硕士指导性培养方案要求，结合学校自身专业特色、学科优势等因素设置课程。例如，对外经济贸易大学的课程设置主要分为必修课（包括学位公共课、学位基础课和专业必修课）和选修课（包括专业选修课和公共选修课）两大模块；广东外语外贸大学的课程设置主要包括基础课程、核心课程、专业方向课程等模块。其他高校情况基本类似，主要课程均包含商务英语、国际商务、经济学分析与应用、国际商法、跨文化交流与谈判等，但课程主要以理论课程为主，专业实践课程普遍欠缺。

3. 教学内容和教学方法适应性欠佳

国际商务硕士教育的教学内容实践性普遍较弱：一是授课教师的国际商务实践经验通常不足；二是学生的专业实践经历缺失，实践教学内容针对性不足。面对不同专业知识背景的学生，任课教师难以把握理论教学内容的深浅，难以有机贯通国际商务实践的体验。

国际商务硕士教育的教学方法本土化不足。目前，国际商务硕士教育照搬西方发达国家的案例教学、模拟教学等教学方法的现象比较严重，缺乏本土化的融合和统一的课程标准，学生创造性解决国际商务领域实际问题能力的培养有待加强。

专业实践作为专业硕士培养的关键环节，存在专业实践基地建设不足、专业实践指导不力等现象，缺乏全程的有效专业实践指导，对学生专业实践的内容、形式、时间和效果都无法有效控制。 对口实习企业基于成本和培育就业储备人才等多种因素考虑，大多不愿接受没经验但身价高于本科生的研究生实习。 缺乏具备深厚国际商务理论造诣的专职导师，结合学生发展方向的业界精英兼职导师难求。

4.双导师制的实施效果有待提高

各所高校均积极配备优质师资担任专业硕士的校内导师，广泛吸引业界专业人士担任校外导师（又称业界导师），但在实施过程中产生了一些问题。

一是校内导师指导的学术化倾向。 我国国际商务硕士教育刚刚起步，中国企业走出去的历史也很短，大多数高校尚未形成成熟、专业化的师资队伍。 现有师资大多成长于学术型硕士生指导过程，很难脱离原有的学术化思维体系和框架，难以针对性地指导国际商务硕士生进行行业化和职业化的专业发展。

二是缺乏对校外导师有效的培训和指导。 来自实践部门的校外导师具有丰富的实践经验，但越好的导师往往时间越紧张，实践经验相对少一点的由于缺乏必要的职前岗前培训，对专业硕士的指导略显盲目，针对性并不强。

三是相关业界的导师资源相对稀缺，校外导师积极性不高，不利于提高专业硕士实践技能的培养和职业素养。

5.国际商务专业硕士培养的国际化不足

国内国际商务专业硕士培养过程中，大都面临课程内容、教学方式、师资队伍和就业实习的国际化程度严重不足的问题。国际商务与国际贸易不同，国际贸易的标的物是有形的商品，虽然也需要与不同国家的贸易伙伴沟通，但合作方式简单，双方是货物买卖关系。 而国际商务的范围要大很多，还包括国际投资和国际企业管理，这些远比国际贸易要复杂多变，除了同样要遵循国际惯例和规则，还需要对企业管理、跨文化交流等方面有自己的体系，中国企业的国际商务相关实践很多还没有上升为理论。而目前高校的课程体系、教学内容基本借鉴国外发达国家，缺乏中国特色，且师资队伍以国内为绝对主力，就业实习也在国内完成，无法提供国外的就业和实习机会，国际化程度普遍不足。

6. 教学和学位论文的学术化倾向严重

依托于"国际贸易学"和"世界经济学"等学术硕士开设国际商务专业硕士的学校，绝大部分师资以原有学术导师为主，教师原有的知识结构和思维模式使国际商务教学导向不可避免有向"国际贸易学"和"世界经济学"靠拢的学术化倾向。

从学位论文的研究内容看，学生普遍能够围绕国际商务的相关问题开展研究，但普遍很少采用商业计划书、国际商务案例分析、项目可行性报告等规定范围内的论文形式。由于很多国际商务专业硕士由经济学院开设，长期以来学位论文的撰写指导、评价等均以学术型硕士论文为主，对商业计划书、国际商务案例分析、项目可行性报告等形式的论文缺乏必要的指导和评价指标，指导教师的指导趋于保守，学生们普遍不愿因论文形式的创新而冒论文答辩、外审不通过的风险，从而对于原本应该采取的多种形式望而生畏，导致虽然专业硕士学位论文的撰写可以有多种形式，但大家往往都采取传统学术型的写作方式。

国际商务专业硕士教学和学位论文的学术化倾向严重，不符合国际商务专业硕士的定位和培养目标，不利于应用型、专业化国际商务人才的培养。

二、国外高校的培养经验与启示

欧洲是世界上最早开展商务人才培养和教育的地方，1759 年在葡萄牙首都里斯本成立了一家以商业教育为主的专业机构，它是全球最早进行商务人才培养的专业学校，也是欧洲大学进行商务人才培养的起源。 1819 年法国成立巴黎高等商业学院，它是世界上最早的商学院，也是现在欧洲工商管理学院的前身。 1881 年美国宾夕法尼亚大学沃顿商学院成立，它是世界第一个正式的大学商学院。 随后，商学院在西方主要国家的大学里开始陆续成立。

现代商科教育起源于美国。 早在 20 世纪 60 年代，美国成立国际商务教育研究中心，建设相对完善的国际商务硕士教育体系。 经过 50 多年的发展，美、英等国外高校国际商务硕士的教育理念和实践经验日益成熟，其中一些做法值得借鉴。

1. 培养目标明确且满足多样化的社会需求

美国商学院的教育思路和实践体现出国际商务教育的核心点：国际视野、职业导向和综合素质。 办学的共同特征是培养方式因校而异，培养目标定位清晰，培养内容和知识技能结构体现了职业知识、职业技能、职业道德和情感意志方面的职业导向、综合素质和国际视野。 为了培养面向跨国公司和国际组织的国际化人才，国外高校的国际商务硕士培养目标和招生要求更加明确。 例如，美国商学院国际商务硕士的培养目标根据国际、国家和本地区的需要设定，针对不同的学生各校培养目标、培养内容和教学方式侧重点各不相同。 其中，南卡罗来纳大学的摩尔商学院（Moore School of Business, University of South Carolina）是全美国际商务专业的顶尖商学院之一，在 2017 年 USNews 美国最佳研究生院的国际商务专业排名中位列第一。

入学要求为具有海外学习或国际工作的经历，培养对象主要是具有国际商学背景、具备完备的国际商务知识的学生。 培养目标瞄准高层次的国际商务决策和管理人才，毕业生的就业方向包括国际机构、国际组织、大型跨国公司等。 相反，霍特国际商学院（Hult International Business School）的国际商务专业主要针对没有商学知识背景的学生，入学要求相对不高，毕业生就业方向更宽泛，涉及金融、销售以及生产制造等诸多领域，满足社会多样化的需求。 这种培养目标与培养对象相对应的分层设定为国内高校国际商务硕士的课程设置提供了借鉴。

2. 课程体系完善且注重培养全球维度的思考方式

国际商务专业是一门跨越经济学、管理学、法学等学科的交叉专业。 基于不同的培养目标，美国各校都形成了特色鲜明的课程体系，国际商务专业硕士的课程体系相对完善，具有很强的针对性、前沿性和实践性。 例如，摩尔商学院的教学目标更侧重商务活动与政治、经济等因素之间的关系，课程体系包括国际商务、经济学与政治学。 霍特国际商学院更注重学生的国际商务基础知识和管理决策才能，课程设置主要包括国际商务与管理学。 此外，各校为学生提供丰富多样的选修课程，如跨文化管理、商业道德等，在提高学生人文素养的同时注重培养跨文化、跨国界的复合型人才。

总体而言，伴随经济全球化的浪潮，美国高校国际商务硕士的课程体系都十分注重培养学生的全球观念，具体分为强化外语学习和国别问题研究。 特点是将外语训练与国别问题研究相结合，运用当地语言开展国别问题研究课程以及模拟联合国等活动，在提高学生外语水平的同时增强他们对全球各区域国际商务环境的认识。

3. 注重跨学科教育和综合素质培养

美国的 IB 教育始于 20 世纪 60 年代，学界曾就 IB 教育涉及的教育和研究领域展开过激烈的讨论，形成以下共识：IB 教育研究的焦点问题是跨国界的商务活动，在已有的商学概念和知识的基础上，还需在政治学、人类学、法律和经济学领域进行拓展，美国的 IB 教育从其诞生之日起就注入了跨学科教育理念。 近年来，为适应日益复杂的国际商务环境对跨学科人才的需求，美国商学院认识到：商学的跨学科教育旨在解决日益复杂的国际商务环境涉及的政治、经济、文化和体制等诸多问题。 为此，美国商学院通过多门类学科知识和思维方法的互补培养学生利用综合知识和方法解决本专业问题的能力，以提高学生的综合素质，如领导能力、沟通能力、合作精神、管理决策能力、商业伦理观和对商务环境的敏感度。 霍特商学院要求新生入学完成"新兵训练营培训"后方可进入必修和选修模块的学习，此类培训的主要内容为个人技能、团队技能和管理技能，为提高学生的管理决策能力，开设了战略学等必修课程。 迪埃莫-麦克姆商学院设置了"文化研究"等社会人文课程，旨在提高学生的人文素养和增强跨文化沟通能力。

教学内容趋于市场化和应用性。 与"学术学位"教育不同，MIB 教育属于"专业学位"教育，在美国也称"职业学位"，培养应用型人才是 MIB 教育的重要使命，教学内容需要与市场需求紧密联系。 美国商学院的专业课程朝着实用性方向发展，如摩尔商学院的"跨境联盟和合资企业"，霍特商学院的"数字营销学"，迪埃莫-麦克姆商学院的"全球企业管理经济学""国际财务管理"（取代"管理学""会计学原理""经济学原理"和"营销学"等传统课程）等。

4. 案例教学与理论实践并重的多样化教学方式

哈佛大学商学院于 1924 年首倡的案例教学法，到了 20 世纪 80 年代，受到教育界的特别重视，并且被视为一种相当有效的教学模式。哈佛商学院的课程几乎全部采用案例教学法，这是一种没有唯一正确答案的教学方法。哈佛商学院为了保证课堂教学所用案例的多样性和全面性，所有的案例在正式列入课程之前，都要经过反复认真的讨论。一个案例通常要讲两三节课，每节课 80 分钟。每次课开始时，教授首先指定一个学生用 10—20 分钟说明案例、分析问题并提出解决问题的手段，或者指出实现公司目标的方法和途径。然后，其他学生分别从自己角度来分析同一个案例，阐述自己的看法、分析、判断、措施以及相比前一个案例的进步点。案例教学法训练的就是决策艺术，锻炼学生在不圆满的条件下做出自己独立决策的能力。现实世界多半没有一种精确的答案，但却有受时间、资源、人才等条件限制的多种选择。"未来的总经理"们必须学会根据自己的实际情况来做出最佳的决策。哈佛案例教学法成功的一个重要因素在于学生的质量，在两年里，学生们要分析 800 多个案例。哈佛商学院案例教学不重视是否得出正确答案，重视的是得出结论的思考过程，重视如何适应形势和形势变化后去确定更好的、更有效的管理手段。通过学习，培养学生们的这种正确答案并非一个的多向、发散型的思维方式，也正是哈佛商学院教学方式的特色所在。

但其实除了哈佛商学院之外，美国极少有商学院采取相同的完全案例教学法，大多数都是采用讲授、案例和实践相结合的教学方法。比如沃顿商学院讲授时间占半数以上，1/3 的时间采用案例教学，剩下的是实地项目和模拟训练，斯隆管理学院课题讲授和案例教学各占一半，凯洛格商学院课堂讲授、案例教学和实地实习各占 1/3，而芝加哥大学布斯商学院则因其超一流的学术研究水平基本上采用传统课堂讲授的方法，很少采用案例教学。

　　除了案例教学法，行动学习法、团队学习法和商务模拟游戏也在国际商务专业教学中得到广泛应用。

　　行动学习法于 1940 年由英国科学家瑞文斯首次提出，并应用于英国煤矿业工人培训中，后引入商科教学中。 行动学习法同样以学生为主体，但不同于案例教学法，学生面对的是真实的商务问题，需要在现实情境下认识问题原因、思考问题性质、制定行动方案、采取行动并有效评估，从而创造性解决问题。 美国高校国际商务行动学习的方式主要有参与各种组织机构（如跨国公司、国际机构、非政府组织）的运作、商务模拟、案例大赛、企业实习等。 行动学习法的核心是学生在行动中提升对世界和自我的认知水平，而且往往是在团队中要求个人将行动和价值观结合起来，甚至在面临问题和价值观相左时学会如何有效行动化解难题。 此种方法应用于国际商务教育中的好处是以结果为导向，在较短时间内有效锻炼学生动手实践能力，同时"干中学"也会激发学生创新思维，甚至开启创业之路。

　　团队学习法在国际商务教学中广泛使用。 它是以小组为单位进行学习，组员相互合作、相互交流、共同进步的一个过程。团队学习法考察的是团队成员分工协作和达成一致目标的水平。这对团队和个人是个双赢的选择，一方面成员发挥各自优势，相互补充，提升团队竞争力，另一方面也是知识共享的过程，成员间互通有无，有效提高个人竞争力。 耶鲁大学商学院著名的领导力发展项目（Leadership Development Program，简称 LDP）是很好地运用团队学习的一个例子：第一年，学生以小组经验共享的方式进行课程学习、演讲活动等，掌握高级领导力的知识和技能，同时，小组成员要制定自己的领导力实践方案，诸如俱乐部领导、为学校创造一个新的活动或项目、参与社区服务和开展商业计划；第二年，学生与其他成员交流合作，在老师指导下实施这些拟定的方案，小组活动最后由学院进行360度的评估。

值得注意的是，以上三种方法并不是独立的，而是相互影响、相互渗透的。团队学习法可以嵌入案例教学法和行动学习法中，因为后两者通常是以小组的形式展开。而案例教学法和行动学习法分别从已有案例和现实经验两个方面培养学生的知识理解和现实应用能力，形成有效的互补。

商务模拟游戏起源于20世纪50年代末军队中的战争模拟游戏，1959年由杰克逊引用到国际商务教学之中。目前，它是国际商务教学过程中比较流行的一种教学方法，特别是在管理、金融、组织行为和人力资源等相关课程的教学中，这种方法也称为商务仿真，主要分为情节模拟和数字模拟两种。情节模拟主要是设置一个具体的商务情节环境，要求学者和使用者对这种具体的商务情节环境做出反应和决策，通常有多种决策可供选择，并可以根据相关决策完成所有的决策过程，有完整的或一定的反馈周期。因此，情节模拟实质上就是角色扮演（Role-play）模拟。而数字模拟则是在较高层次水平来模拟整个公司的运营或者模拟特定部门或过程的实践过程，学习者和使用者通过操纵杠杆、拨号器或者是输入数字来进行模拟，模拟结果以数字报告或数字图表的方式来表达。实际上，商务模拟游戏就是实验教学在国际商务领域中的一种运用方式。

5. 实践模式多样

国际商务硕士主要培养参与国际商务活动的实用型人才，这是该专业区别于传统学术型硕士的地方，教学模式着重突出校外的实践教学。霍特商学院在每年新生入学之际开展"新兵训练营",目的在于培养学生的团队合作能力和管理能力。入学后采取的教学模式除了校内国际商务专业知识的学习,还涵盖极具特色的校外实习课程,即伦敦、迪拜、上海、旧金山、波士顿五地的"全球校园轮动游学计划"。学习小组在顾问或企业高管的带领下,为一家世界500强企业制订企业成长计划,优胜小组的计划书将会被企业采用。霍特商学院提供的"全球校园轮动游学计划"和迪埃莫—麦克姆商学院在"金砖四国"进行的海外游学相当于实习,游学后需提交实习报告。统一组织的游学和实习活动一方面保证了实践活动的品质,另一方面也保证了实习活动与培养目标内容的一致性。

三、改革建议

国际商务专业硕士旨在培养具有较强专业能力和职业素养,能够创造性地从事国际商务工作的人才,与学术型硕士在培养目标、培养手段、课程设置等方面均存在较大差异。为了将学生培养成应用型、复合型、职业型和国际化的高级商务人才,国际商务硕士专业学位教育有必要在培养路径、教师考核、课程体系、教学方法、实践教学等方面进行创新与改革,重构契合于国家战略规划的国际商务硕士培养体系。

1. 培养路径的多样化

社会对国际商务人才的需求是多样化的,考生的基础和目标也各不相同,以统一标准考核入学和大同小异的课程体系并不适合专业发展的需要。建议通过培养目标的分层设定,培养内容和培养方式的多维思路,实现培养路径多栏化。

建议根据考生是否拥有一定年限的国际商务从业经历和本科

专业与国际商务的相关性，制定不同的入学考试标准，各高校可根据自身定位自主选择招生对象、拥有一定的招生自主权，并结合学校特点制定相应的课程体系。层级分明的培养目标有助于学校根据自身的办学优势来确定培养对象，提高我国高校培养目标和学位授予类型的多元化以及入学招生制度的自由度，更好地反映学校的办学特色和培养对象的差异性。

2. 建立"应用型"教师的分类考评制度

师资力量是所有教学的基石，尤其是国际商务专业硕士，培养的是高层次的复合型应用人才，如果缺乏实践经验丰富的应用型教师，从课程体系设置到教学内容和方式方法，势必带有浓厚的学术色彩，无法满足专业硕士的培养要求，也无法契合中国企业开展国际商务的现实需要，培养出来的学生最多只是纸上谈兵，不可能具备强有力的实战能力。

而中国高校的教师绝大多数是学术型，考核以科研的论文、课题、获奖为主要标准。教师如果走应用型的道路，大量时间用于国际商务领域的实践积累，则基本不可能达到学校考核要求。因此，学校应鼓励国际商务教师在专业领域兼职，并建立区别于"学术型"教师的分类考评制度，以保证教学质量、教学活动的实践性和可持续性。

3. 构建符合专业学位特点的应用型培养方案和实践教学体系

虽然鼓励各校突出自身特色，但是国际商务专业硕士的培养还是有强调应用型的共性。

一是培养方案突出应用性。围绕核心职业能力的培养设计核心课程，压缩基本理论和知识性课程，增加应用性和前沿性的专题课程。

二是积极探索体验性课程教学方式。 综合运用模拟训练、现场研究、团队学习、案例分析等方法培养学生研究实践问题的意识和能力。

三是完善实践教学体系。 加大专业实践教学基地的建设力度，完善校企联合培养机制，保障国际商务硕士生专业实践机会的充裕性和实践岗位的适合性。 围绕跨文化商务交流等核心职业能力的形成，精心设计课程同步实践教学和集中专业实践教学的内容，对接课程教学内容。 同时，按照核心职业能力形成的规律，安排专业实践教学的时间顺序和实践强度。

4. 突出国际商务专业硕士的国际化

课程设置、教学内容国际化。 国际商务专业硕士课程设置的国际化要本着紧密跟踪全球国际商务课程设置的最新发展趋势，注重课程体系的前瞻性、运用性和科学性原则，力争做到一方面要整合我国民族传统特色课程面向世界开放，另一方面要打造国际课程体系。 课程设置的国际化还应该包括置入一定数量的双语教学课程、课堂授课组织形式的多样化以及学生考试方式的国际化。 教学内容国际化不仅指要体现发达国家的先进做法，也要提炼中国特色，在国际商务领域发出中国声音。 如目前国际商务领域的案例大多以发达国家的企业为主体，很多内容并不适合中国的企业，国际商务需要和各个国家的人打交道，文化在其中的作用非常重要，西方文化在中国企业照搬明显行不通，因此在中国企业案例普遍较难获得的情况下，除了需要教师单独寻找、挖掘，建议教指委整合各高校力量，编写案例库。

教学方式与国际接轨。 发达国家的国际商务专业硕士教育的教学模式秉持以实践为主、理论为辅的原则展开，例如，日本明确提出教学的展开必须坚持"三不原则"：不是培养研究者，而是培养既有高度专门职业能力的高级人才；不是以研究为中心，而是以实施将理论与实践结合起来的高度实务运用能力为中心；教师队伍不是以理论教师为中心，而是配备大量有高度业务能力的实务部门的专业成功人士。结合发达国家的国际商务专业硕士教育的教学方式，我国的国际商务专业硕士教学可采用"TWFI"三段式方式："理论授课（Teaching）＋研究讲习（Workshop）＋实地考察（Fieldwrok）与实习（Internship）"的模式。具体实施方法是：第一阶段，学生入学后根据国际商务专业领域的特点，以理论教师讲授方式对学生进行短期的国际商务相关理论知识的综合培训；理论授课结束后进入第二阶段的研究讲习，学生分组通过案例研究、模拟实验、角色扮演等方式利用学校的教学实验室中的各种教学设备器材进行实践操作，在此基础上分组发表研究讲习报告，并由理论教师和实务部门的专业成功人士进行点评；最后是进入实地考察（Fieldwork）与实习（Internship）阶段，这一阶段要求学生走出校门，到国际商务业务部门开展社会实践。

师资队伍建设的国际化。国际化教师队伍建设通常采取"请进来＋走出去"的模式：首先，应该重视以良好的用人机制及激励机制引进高层次的教学人才，特别是有海外背景的优秀人才；其次，加强教师在职培训和学位提升，使更多没有海外留学经历的教师也有机会到国外访学、进修，从而使得师资队伍结构不断改善保持良好发展趋势，浙江工商大学实施多年的蓝天计划让很多教师有半年以上的国外访学经历，使得师资队伍业务能力和国际化水平得到大幅度提高；最后，与国外高校开展战略合作，建立联合培养的合作项目，引进国外教授短期完成一门课程的教学。

招生、实习和就业的国际化。招生的国际化，保证一定的留学生比例，能让国际商务学生的学习过程伴随着国际化的思维和国际化的语境，从而更好地理解跨文化交流、不同国家的商业特点，有助于高端国际商务人才的培养。 随着经济全球化的推进，实习和就业的国际化成为国际商务专业硕士教育面临的一个新挑战。 学校应充分整合和调动校内外以及校友资源，加快海外实习基地建设和拓宽海外就业途径，也可以与国外高校合作办学，共享实习和就业信息与平台。

第七章
对来华留学教育的思考

　　随着高等教育发展日益国际化和全球化，大力发展来华留学教育对我国具有多方面的现实意义。 全球学生流动不断加速，国际学生流动不仅给留学输入国经济上带来一个价值数百亿美元的大市场，而且更有利于长期政治经贸关系的耕耘、学生"全球性能力"的培养和国家竞争力的提升。 现在，越来越多的国家将招收外国留学生作为高等教育发展目标和国家发展的重要战略。 为推动来华留学教育事业的更大发展，2010 年 9 月 21 日教育部出台了《留学中国计划》，其主要目标是：到 2020 年，全年在内地高校及中小学校就读的外国留学人员达到 50 万人次，并使中国成为亚洲最大的留学目的地。 加强对相关问题的研究是促进来华留学教育健康发展的必然要求。

第一节　来华留学教育发展历史和现状

一、来华留学教育的发展历程

来华留学教育有着悠久的历史。早在唐朝时期，我国经济文化繁荣发达，是全球最强盛的国家，有很多周边国家纷纷模仿、学习。日本为了学习中国的经验，曾多次派出遣唐使团。清朝时期，以俄罗斯为代表的国家派遣使团来华接受留学教育。但清朝来华留学教育的文化交流范围、使团规模较小，影响有限。真正现代意义上的来华留学教育是指针对外国来华留学生开展招收、培养等活动的高等教育，开始于中华人民共和国成立，停滞于"文革"时期，起步于改革开放之后，发展于高校法人地位确立之后，壮大于高校扩招之后。

（一）1950—1965 年：来华留学教育初创期

中华人民共和国成立初期，以苏联为首的社会主义国家与以美国为首的资本主义国家两大阵营形成对立，中华人民共和国被西方资本主义国家封锁包围。加上中华人民共和国成立初期百废待兴，高等教育水平与经济水平远远落后于西方国家，在留学教育领域竞争力不足，来华留学生多数来自社会主义国家。1950 年应捷克斯洛伐克和波兰的要求，我国接受了首批留学生进入清华大学中国语文专修班进行汉语培训。自此，中华人民共和国来华留学生教育开始出现。第一批留学生，共计 33 名。第一个建交高峰后，周边邻国及广大第三世界国家开始派遣留学生来华学习。1959 年我国首次接受来自非洲国家的留学生。发达国家也有少量留学生来华，但以民间渠道为主。截至 1965

年，我国共接受来自 70 个国家和地区的 7259 名来华留学生。生源国中社会主义国家的来华留学生有 6591 名，占来华留学生总数的 90.8%。

(二)1966—1977 年：来华留学教育混乱整顿期

"文革"期间，来华留学生教育一度中断。 1971 年我国恢复在联合国的合法席位及 1972 年尼克松总统访华，我国国际地位逐步提升，我国外交出现第二个建交高峰，一些国家开始派遣留学生来华学习。 1973 年我国恢复接受来华留学生，当年共接受 44 国 383 人，来华留学生教育进入了恢复发展阶段。 由于"文革"尚未结束，本阶段来华留学生教育的招生、学制、教学管理、生活管理等均受到当时政治气候的影响，加之留学生生源素质差，教学质量难以得到保证，管理过程中涉外纠纷时有发生，发展十分缓慢。 1973—1977 年，共有来自 69 个国家和地区的 2066 名留学生在我国接受留学教育，其中来自日本、英国、美国等发达国家的留学生数量明显增加。 日本、英国、美国等 19 个发达国家共向我国派遣留学生 623 名，占留学生总数的 30.2%。

(三)1978—1989 年：来华留学教育起步期

十一届三中全会后，我国开始实行改革开放的基本国策，教育事业重新受到重视，来华留学生教育也进入了改革发展阶段。1983 年，教育部颁布《为外国人举办短期学习班费用的试行规定》，短期留学生开始纳入留学生范畴。 1989 年，国家教委颁布《关于招收自费外国来华留学生的有关规定》。 自此，与来华留学生教育发展密切相关的一系列重要的政策问题相继得到解决，极大调动了高校发展留学生教育的积极性；同时，民间学术界开始涉足对外国留学生教育理论的研究，我国在留学生教育管理工作方面开始了由经验型管理向科学型管理的转变，促进了来华留学生教育事业的发展。享受政府奖学金的公费来华留学生，从 1978 年的 1900 人增加到 1989 年的 6379 人。1979 年至 1989 年 11 年间累计有 26000 余名留学生自费来华学习，是改革开放前 28 年来华留学生总数的 2 倍多。为保证来华留学生的质量，国家教委于 1989 年颁布《汉语水平考试（HSK）大纲》，开始对来华留学生实施汉语水平考试。本阶段来华留学生教育工作逐步形成了一套比较完整、符合我国国情的方针、政策。

(四)1990—1998 年：来华留学教育快速成长期

应十四大的号召，《中国教育改革和发展纲要》明确要求建立"与社会主义市场经济体制和政治体制改革相适应的教育新体制"。为此，我国政府加强了宏观调控功能，突出了学校的法人地位，扩大了高等学校办学自主权，并对来华留学生的教育管理体制进行了改革，使来华留学生教育事业初步纳入了法制化、科学化、规范化的轨道，为来华留学生教育的发展创造了必要的内部条件。与此同时，国际上冷战结束，和平与发展成为时代主题。作为一个经济高速发展并拥有巨大市场潜力的大国，我国与世界各国在各个领域的交流与合作得到进一步加强。这一系列发展和变化，为来华留学生教育的发展提供了良好的外部条件。其间来华留学生的数量取得了快速且稳定的增长，来华留学生数量从 1992 年的 1.4 万余名，发展到 1996 年的 4.1 万余名，年均增长速度超过 30%，留学生层次也明显提高。截至 1998 年，来华留学生总数达 43084 人次，其中，自费来华留学生数达 37996 人次，占来华留学生总数的 88.19%。这一时期来华留学工作发展的一大标志是自费留学生人数大幅度增加，成为来华留学生的主流。

（五）1999 年至今：来华留学教育蓬勃发展期

1999 年，我国开始实施高等教育扩招政策，庞大的在校生规模为容纳来华留学生奠定了坚实的基础。 进入 21 世纪，世界高等教育国际化程度不断加深，教育部于 2010 年出台《留学中国计划》，计划"到 2020 年，全国在内地高校及中小学校就读的外国留学人员达 50 万人次，其中接受高等学历教育的留学生达到 15 万人，使我国成为亚洲最大的留学目的地国家"，开启了我国从教育资源大国迈向教育强国，从人力资源大国迈向人力资源强国的征程。 从 2001 年到 2009 年，来华留学生人数年均增长率超过 20％。 截至 2017 年，来华留学生人数已达 48 万余人次，其中接受学历教育的留学生数达 24 万余人次。 随着我国高等教育规模不断扩大，高等教育水平不断提升，留学生管理规范等政策法规不断完善，我国成为亚洲最大的留学生目的地国家有望提前实现。

二、来华留学教育的发展现状

从改革开放后允许自费留学生来华学习，到如今向留学生发放工作许可证；从 1978 年来华留学生共 1200 人到 2017 年来华留学生近 49 万人。 40 年来，来华留学生的各种变化，证明了中国经济、教育的吸引力正在大大增强。

（一）规模持续扩大，学历层次改善

根据教育部的资料，2017 年共有 48.92 万名外国留学生在我国高等院校学习，规模增速连续两年保持在 10％以上，其中学历生 24.15 万人，占总数的 49.38％，同比增幅 15.04％。 2006—2016 年来华留学生总数保持较快增长，其中学历生比例稳步提升，近十年来华留学生总数分学历情况见图 7-1：

图 7-1 2006—2016 年来华留学生总数分学历情况(人)

数据来源:教育部网站、《来华留学生简明统计》整理。

世界留学生教育发展的一条基本规律是留学生生源向高等教育相对发达地区流动。 我国的高等教育和发达国家相比有差距,但少数本科质量有优势,与许多发展中国家相比,尤其是与我国的周边国家相比在很多方面优势明显。 目前,中国已经与188 个国家和地区建立教育合作交流关系,与 46 个重要国际组织开展教育交流,与 47 个国家和地区签署学历学位互认协议,中国成功加入《亚太地区承认高等教育资历公约》。 这些都是 20世纪 90 年代以来在我国来华留学生中,学历生数量增长比较快的原因之一。

数据显示,中国政府奖学金吸引力不断提升,引领来华留学向高层次、高质量发展。 2017 年共有来自 180 个国家的 5.86 万名中国政府奖学金生在华学习,占总数的 11.97%。 其中学历生5.16 万人,占奖学金生总数的 88.02%,硕博研究生合计 4.08万人,占奖学金生总数的 69.57%,比 2016 年增加了 20.06%。

(二)生源地区分布开始显现"一带一路"特色

据统计,2017 年共有来自 204 个国家和地区的各类外国留学人员在全国 31 个省、自治区、直辖市的 935 所高等院校学习,其中硕士和博士研究生共计约 7.58 万人, 比 2016 年增加 18.62％。
来华留学规模持续扩大, 我国已是亚洲最大留学目的国。 前 10
位生源国依次为韩国、泰国、巴基斯坦、美国、印度、俄罗斯、
日本、印度尼西亚、哈萨克斯坦和老挝。 "一带一路"沿线国家
留学生 31.72 万人, 占总人数的 64.85％, 增幅达 11.58％, 高于
各国平均增速。 北京、上海、江苏、浙江等东部 11 省市来华留
学生共计 34.19 万人, 占总数的 69.88％。 2006 年和 2016 年来
华留学生最多的国家和地区情况见表 7-1。

表 7-1 2006 年和 2016 年来华留学生最多的国家和地区(人)

序号	国家和地区	2006 年			国家和地区	2016 年		
		合计	学历生	非学历生		合计	学历生	非学历生
1	韩国	57504	20365	37139	韩国	70540	23598	46942
2	日本	18363	2878	15485	美国	23838	3247	20591
3	美国	11784	747	11037	泰国	23044	10926	12118
4	越南	7310	4481	2829	巴基斯坦	18626	16877	1749
5	印度尼西亚	5652	1539	4113	印度	18171	16790	1381
6	印度	5634	5261	373	俄罗斯	17971	7265	10706
7	泰国	5522	1344	4178	印度尼西亚	14714	7247	7467
8	俄罗斯	5035	1019	4016	哈萨克斯坦	13996	7971	6025
9	法国	3857	402	3455	日本	13595	2928	10667
10	巴基斯坦	3308	3075	233	越南	10639	6630	4009
11	德国	3090	204	2886	法国	10414	1534	8880
12	蒙古	2715	1160	1555	老挝	9907	5763	4144
13	尼泊尔	2207	2117	90	蒙古	8508	6425	2083
14	哈萨克斯坦	1825	288	1537	德国	8145	1127	7018
15	加拿大	1766	476	1290	马来西亚	6880	4073	2807

数据来源:教育部网站、《来华留学生简明统计》整理。

通过对 2006 年和 2016 年数据的对比, 可以发现韩国由于地缘
关系仍然处于第一的位置;其后来自泰国、巴基斯坦、印度、俄罗
斯、印度尼西亚等"一带一路"国家的留学生数量增加迅猛, 显示

出中国在亚洲地区强大的影响力和领导力；而日本、法国、德国等
发达国家的位次都在下降，其中日本的绝对数量在下降，这个需要
我们去思考背后的原因；而法国和德国的留学生人数是上升的，只
是上升的速度没有平均上升速度快而已，相对而言不用过于担心。

（三）学科分布更加合理

来华留学生的学科分布更加合理，学习文科类专业的学生数
量仍排名首位，占总人数的 48.45％；学习工科、管理、理科、
艺术、农学的学生数量增长明显，同比增幅均超过 20％。此外，
2017 年来华留学生中，自费生达 43.06 万人，占总数的 88.03％。
2006 和 2016 年来华留学生选择最多的专业对比详见表 7-2：

表 7-2　2006 年和 2016 年来华留学生选择最多的专业对比

序号	2006 年	人数（人）	占比（％）	2016 年	人数（人）	占比（％）
1	汉语言	98701	60.67	汉语言	169093	38.19
2	文学	14027	8.62	西医	49022	11.07
3	西医	13225	8.13	工科	48394	10.93
4	经济	7308	4.49	经济	37315	8.43
5	中医	7130	4.38	文学	36782	8.31
6	管理	5954	3.66	管理	32976	7.45
7	工科	5803	3.57	教育	27900	6.30
8	法学	3667	2.25	中医	13335	3.01
9	艺术	2118	1.30	法学	11187	2.53
10	体育	1332	0.82	理科	6210	1.40

数据来源：教育部网站、《来华留学生简明统计》整理计算。

相比而言，2016 年虽然汉语言仍然是选择人数排名第一的
专业，但所占比例快速下降，说明越来越多的留学生把汉语当成
一种工具，而不是最终的目的，当然也有留学生汉语水平提高和

国内高校英文开课比例增加等因素共同影响。 此外，西医、工科、经济和管理等专业选择的人数和比例快速增长，显示出留学生对中国这些专业教育质量的认可。

三、来华留学教育中存在的主要问题

(一)招生管理方面的问题

1. 招生宣传针对性不强、宣传效率低

相比较英国、美国、澳大利亚等国高校，我国高校在招生宣传方面渠道有限，"教育营销"的规模和力度不够，宣传的针对性较低，不能将本国、本校的优秀教育资源和教育产品积极推销给国外的优秀学生。 虽然近年来我国在世界各国设立孔子学院，大大提升了我国教育宣传力度，但少数国家对孔子学院的运营怀有疑虑、敌意。

官方来华留学生咨询网站推广力度不高（国家留学基金管理委员会—留学中国网、中国留学服务中心—留学中国网、中国教育国际交流协会—CUCAS），缺乏较高的国际知名度，且与一些商业网站区分不强，留学生面对的信息杂乱，筛选困难。 国内高校大都未建立完善有效的留学生招生宣传体系，针对性不高，持续性差，同质化严重，导致了生源的流失。

2. 招生渠道窄,多依靠留学服务机构,导致学生国别地区分布不均衡

除了中国政府奖学金外，我国留学生招生的民间途径有校际交流、依托留学服务机构、受理个人直接申请三种。 由于教育主管部门和高校自身的招生网站不完善和体系力量薄弱，一些国际上影响力小、留学生教育尚处在起步阶段或者发展初期的学

校，通过留学服务机构招生占生源的很大一部分比例。留学服务机构不但向高校收取中介服务费，而且在部分国家，尤其是在不发达国家，有些留学服务机构双向收费，向学生收取了巨额中介费。这明显增加了学生来华留学费用，同时，由于上级教育行政部门的考核要求，各校之间存在着招生竞争关系，高校存在着互相提高支付中介费用现象，严重影响着我国留学生教育的可持续发展。且通过中介招生会导致生源国别分布相对集中，尤其是欧美发达国家生源比例较低，不利于真正意义上的高等教育国际化程度提高。

3. 准入门槛低，生源质量参差不齐

一些留学生教育发展处在起步阶段的高校，为了提高本校来华留学生人数以应对上级教育行政部门的考核，高校未建立公平合理的留学生筛选机制，在招生过程中放宽条件，尤其是对语言条件的门槛降低，导致学历留学生后续培养中问题层出，如教师在课堂中使用的专业词汇未能得到有效掌握，导致留学生跟不上教师教学的进度，甚至造成学习积极性下降，许多学校也未能开设专门的补习课程。缺乏准入门槛的低质量生源大量出现，严重影响了教育质量，损害了我国教育的国际声誉。

(二)教学管理方面的问题

对国内很多高校而言，招收海外留学生的历史较短，未能设置合理的、适合留学生的教学管理制度。

1. 国际化师资力量不足

教学是留学生教育的核心环节，师资力量是教育质量的根本保证，但是除了一些名校外，我国大部分高校师资国际化程度不

高，教师的跨文化交际能力有待提高，很多学校开设的全英文授课专业和课程实施质量不达标，影响了留学生教育质量。 由于缺乏拥有跨文化沟通和教学水平的专业留学生教师团队，校方无法跟进留学生的学业及生活情况，也就无法及时解决留学生在学习和生活中所遇到的困难。

2. 课程设置和教学方式需要重新定位和调整

高等教育国际化进程中，课程设置国际化至关重要。 在全球化进程中洞察世界发展的新趋势、新需求，培养留学生的国际化视野和跨文化交际能力，提高留学生的国际竞争力，要求高校课程设置进行重新定位和调整。 我国大部分高校尚处在摸索阶段，留学生课程内容、教学方法和理念与国际先进水平尚有较大差距，相关文凭含金量不高。

3. 管理机制不畅，管理人员的专业化亟待提升

在留学生管理方面，高校的招生部门、国际教育学院、教务处、学生处、研究生处和二级学院等部门需要合理分工，通力合作，制定统一的规范工作流程。 否则很容易出现各部门只考虑自己利益，各自为政，相互推诿扯皮的现象。

目前我国各高校还普遍存在留学生管理教师队伍数量不足的问题，无法提供专业化的留学生管理和服务。 随着留学生规模的不断扩大，留学生管理中也出现一些新的问题：留学生参加集体活动和学生组织的积极性降低；留学生的心理问题层出不穷；境内外学生交流融合不够；等等。 这就造成留学生管理教师的工作职责需要涉及思想教育、心理咨询辅导、民族宗教以及国际关系等不同方面，导致教师及相关管理人员工作繁杂，语言交流、管理服务等压力较大。

（三）就业、实习方面的问题

1. 实习和社会实践部分无法满足留学生需求

受我国教育大环境和传统的重讲授轻实践的教育模式的影响，我国高校国内学生参加社会实践和实习的机会本就不多，留学生在中国的实习和社会实践，除了需要对接企业之外，涉及的部门更多，语言问题是很大的障碍，这也是来华留学生教育满意度的重要影响因素。

2. 很多来华留学生想在中国就业却缺乏相应的信息资源和机会

保护本国学生就业是世界各国制定外来人员就业政策时首要考虑的因素，同时，合理吸收和利用留学生资源也逐渐成为各国国际教育的政策热点。在经济全球化日益加深的今天，为提高本国经济的国际竞争力，世界各国尤其教育水平发展程度较高的国家已充分认识到吸引优秀留学生在本国就业的积极作用，并开始做出政策调整以合理吸收和利用留学生资源。

2017 年 1 月，由人社部、外交部、教育部联合发布的《关于允许优秀外籍高校毕业生在华就业有关事项的通知》，明确了符合条件的优秀国际学生毕业后无须拥有工作经历即可在华就业。首次在政策层面松绑，允许来华留学生毕业后在华就业。

《中国国际移民报告（2018）》提到：中国作为世界经济强国，目前处于汇丰全球职业发展排行的世界第二，外国人移居到中国可以获得各类职业与收入上的优势。亚洲是最受外籍人士欢迎的地区，居住于此区域的外籍人士年薪超过 25 万美元的比例几乎是在欧洲该比例的三倍。而中国又是亚洲地区最受外籍人士青睐的国家，在中国的外籍人士年薪超过 25 万美元的比例是全球平均值的四倍以上。

根据浙江工商大学国际贸易本科生对在杭留学生的调查，毕业之后想留在中国工作的留学生群体占比达到了 51.02％，而所在学校能为其提供就业相关帮助的人仅占 22.45％。主要原因是我国来华留学教育一直以"扩大规模"为导向，高校将关注点放在需要考核的招生人数上，忽略了要为他们提供职业生涯规划指导、就业政策解读和实习就业信息咨询等服务。

第二节　对来华留学生教育管理的思考

一、招生环节创新思路

政府、社会、高校要三位一体，多管齐下，不断拓宽留学生招生渠道，扩大中国高校的国际知名度。

1. 高校积极主动地走出去

深入拓展留学生招生渠道，需要高校积极主动地走出去，进行多层次的对外宣传，加大宣传力度。首先，相关部门要协调制定针对性强的招生宣传策略，包括制作精美的招生手册、积极建设学校及二级单位中英文网站、制定具体的海外招生计划和行程、加强对在校和已毕业留学生的宣传等；其次，积极拓宽招生渠道，开展学历互认制度，与海内外知名高校和机构开发多层次的项目合作，合作高校之间往往可以共享一些招生和就业实习的信息，相互推广对方高校在本国的知名度，比较容易被本国学生和企业认可并接受，甚至也可以在海外建立招生基地为国际学生来杭留学提供学习、生活、签证上的咨询和便利；最后，积极寻求与海外正规中介机构的合作，并制定中介机构管理与服务规程，将中介机构按等级分类，给予不同的待遇和权力，并在学校对外网站上公布认可的中介名单。

此外，高校还应该注重对毕业留学生的校友联系工作，通过毕业生对外宣传扩大高校的影响力，同时积极参加国内外相关机构组织的教育展活动，积极承办各类国际性赛事或活动，进一步提高国际知名度。

2. 与当地教育和领事馆合作

建议在"一带一路"重点区域，选择与中国有较好政治、经贸基础的国家，由国家教育部或省教育厅牵头，联合国内高校一起走出去，与当地的教育主管部门和中国领事馆合作，举办汉语或者是中国鼓励留学生就读专业的知识竞赛，面向当地高中的高年级学生，对于在竞赛中取得较好成绩的学生，给予留学中国全额或者部分奖学金的奖励。这种做法的好处很多：首先，扩大双方民间的文化交流，成本低、效果好，每一个孩子背后有他的家庭和亲戚朋友，辐射面广；其次，竞赛项目也间接宣传中国政府和高校的正面形象，且受众明确具体，能有效扩大中国高校在当地的知名度；最后，公平的竞赛能客观地选出真正优秀的孩子，政府奖学金的发放更加公开、公平、客观。

3. 借鉴发达国家经验

发达国家招收海外留学生有很长的时间，形成了相对完整的招收体系，可以学习和借鉴美国、英国、德国等发达国家的经验。发达国家的高校十分重视宣传，大多成立专门协助招收外国留学生的机构，如英国的国际事务办公室。一些高校委托专门机构到海外开展留学生教育咨询服务，或直接派人到国外举办教育展览。国家教育部经常组织各大院校参加世界各地教育国际展览会，设立政府官方留学网站，成立校友会，等等。此外，部分发达国家还根据不同的国家采取不同的措施推广其国际教育，定期召开学生签证说明会和业务培训会，参加网站在线访谈节目，等等。

德国学术交流中心简称 DAAD，成立于 1925 年，代表德国 231 所高校和 128 个大学生团体，是目前全球最大的教育交流机构之一。DAAD 的经费由德国政府提供，是德国文化和高等教育政策的对外执行机构。作为德国高等院校的联合组织，德国学术交流中心的主要任务是扶持德国和其他国家大学生、科学家的交换项目以及国际科研项目，并以此来促进德国大学同国外大学的联系。它拥有一个广泛的由德语讲师、分支机构以及前奖学金获得者组成的网络。德国学术交流中心在世界范围内设立了 14 个办事处，这些网络成为营销德国高等教育的重要渠道。其具体营销行动有：成立专门负责德国高校营销的服务组织；提出具有感召力的宣传口号，并且在海外举办各种营销活动；提供不同语言的信息和广告资料。

4. 充分发挥民间力量

中国之前有非常多的学生到国外去留学，在国内催生了很多留学中介，有些已经发展成为上市公司。同样的道理，来华留学生数量的增长，巨大的商机也会吸引众多的民间资本进入，但是与出国留学不同，来华留学生的中介需要设在外国，有些国家母语不是英语，走出去有一定的障碍，建议政府可以在此出台一些扶持政策，并鼓励争取海外华人华侨力量的加入。

二、校内培养提高质量

1. 加强国际化理念，制定切实可行的来华留学生教育发展方案

高校需要提高国际化发展意识及对发展来华留学生教育的目的和意义的认识，并根据自身实际情况制定切实可行的来华留学生教育发展方案。 发展方案不仅应包含详尽的长期、中期、短期规划，还必须保证方案的落实和反馈，对出现的问题引起重视并进行必要调整。 对于来华留学生规模较大的院校，发展方案应将培养质量放在第一位，将质量保障和规模扩张放在同等高度；对于留学生规模较小的高校，在努力提升规模的同时，也应注意理顺留学生招生、培养、管理、后勤保障等工作的具体归口部门和人员，避免职责不清、遇事推诿、重复工作等现象。

2. 建立国际学生入学考核体系

设立专业学习准入门槛是保证国际学生生源质量的第一关。语言水平只是入学标准之一，除专门的语言测试如 TOEFL（美国）、IELTS（英国）、JLPT（日本）、Test DaF（德国）等以外，国外值得借鉴的面向外国留学生专业学习的入学考试主要有三种考核方式：一是以美国为代表的北美考试模式，主要是 SAT 考试；二是以德国为代表的欧洲模式，即 Test AS 考试；三是以日本为代表的亚洲模式，即"日本留学考试"。 与单纯的语言水平测试不同，各国的大学专业入学考试都是以学习能力为测试内容，旨在考查外国申请人的综合知识与学习能力是否适合该国的大学入学要求。 国家教育机构可以制定相应的入学基本要求和考试规范，由不同类别的高校参照执行或自行调整标准。 国家标准出台之前，高校应逐步对不同层次、不同专业的留学生设置

不同的入学标准，也可以与国外院校合作，通过前期考核和认证，对海外优秀院校的毕业生直接录取。

3.提高来华留学生教育教学质量

一方面，任课教师要有国际视野，能够在国际相关领域有知名度和话语权，积极聘请海内外学术水平高、教学经验丰富的知名专家、学者担任"国际班"主讲教师，制定科学务实的《外籍教师聘用管理制度》，可以一门课为单位，两三周时间临时聘请外籍教师，加大外籍教师的引进力度；另一方面，在选送中青年教师赴国外大学交流学习时，定向跟听有关课程，并通过校际合作、签订校际协议等形式，实现教师互换。在留学生教育教学中，借鉴国外课程及评估体系，融汇中国国情和学校特色，将体系本土化。

4.加强管理队伍建设

一方面壮大留学生管理教师队伍，另一方面加强对留学生管理教师的培训，培养一批思想素质好、责任意识强、业务水平高、管理经验丰富、了解外国及外国留学生情况的留学生管理教师。此外，采取多元化引入机制和持续性培养模式，弥补留学生管理教师人手不足的问题，可以适当招聘研究生或高年级本科生担任陪读，参照勤工助学的标准给予学生适当的报酬。

三、实习和就业环节多方参与

2017 年，职业社交网站领英（Linkedin）发布报告显示：虽然"出海"的中国企业明确表示，本地员工与外派员工的最佳比例是 7∶3，然而现实情况却是，在出海中资企业中，外派员工的比例高达 72%，国际化、本地化员工的比例只有 28%。根据调查，许多外国员工对中国企业缺乏兴趣，对中国品牌的认知也不足，因此中国企业很难吸引他们加入。而掌握本地语言、了解本地市场和商业环境的本地人才是中国企业"出海"的最佳人才储备，来华留学生既熟悉本国市场、语言和文化，又了解中国的商业文化，对中国快速多变的经济、文化、生活、商业环境很适应，他们是国际人才的最佳人选。

1. 变革留学生培养方式，创新校企合作

很多招收留学生的高校，由于起步较晚，还尚未与企业形成关于留学生的成熟的合作模式。深化校企合作对于促进来华留学生就业有很大的价值，校企合作能够弥补高校与企业各自在人才培养上的不足，相互补充，共同发展。它是一种以市场和社会需求为导向的运行机制，以培养学生的综合能力、全面素质和就业竞争力为重点，利用学校和企业两个不同的教育环境和拥有不同的教学资源，将课堂教学和实践教学有机结合，来培养适合不同用人需要的复合应用型人才。

企业也可以在学校设立企业"专项奖学金"用于定向培养企业所需的各类人才，让学生在学习之时便能感受企业的人文关怀，为今后更好地到企业工作奠定基础。同时企业可以根据实际的人才需求，与高校签订订单式的人才培养协议，建立人才"吸引—培养—聘用"的完整体系。这种订单既可以包括教学内容、师资配备、实训地点、内容安排及技能鉴定等方面的协商，也可以是在来华留学生规模、生源国、学习专业、学生层次等方面的预订。学校根据企业提出的需求，制订专门的招生计划和培养计划，为企业订制专门化的国际人才。

留学生的培养"为我所用"，是从源头上解决中国"走出去"企业面临的人才困境行之有效的方法。中国跨国企业多数总部或分部位于如北上广这类一线及省会城市，这些地方大多有重点大学并且吸引着大量的留学生，来华留学生人数在总量上排名前 10 的省、直辖市基本位于沿海地区。 这就提高了留学生聘用的可操作性，以企业的人才诉求为出发点和导向培养来华留学生，实现高校的人才培养与市场需求的有效匹配。

2. 搭建来华留学生就业实习平台

许多来华留学生在留学的过程中，并不清楚就业的相关政策条件，错失了在求学过程中争取在中国就业的机会。 高校应该为其提供就业咨询、安排实习企业等服务，政府应该疏通来华留学生的信息渠道，把就业指导内容纳入高校留学生工作规定当中，使得有意向、有能力的优秀外国留学生可以及时了解到就业政策的内容和具体条件。

来华留学生在华就业信息具有时间和空间上的局限性，多数留学生都是通过朋友或同学介绍，选择所在地区或城市进行就业，就业信息的高效性和准确性没有较好的保证。 因此，政府部门要致力于搭建高效而科学匹配的就业信息平台，将有在华就职规划的留学生与有留学生招聘需求的企业紧密结合起来，可以采用来华留学生招聘会、企业招聘宣讲会等线下形式，分时段进行，多形式结合，为双方创造面对面交流合作的机会。 还可以采用线上模式，例如创建专业的留学生就业网站或 App，采用多语种形式，吸引来自各国的留学生和各种类型的企业入驻，在网站上发布精准而全面的招聘信息，满足留学生对于就业信息和资源的需求，提供更为高效便利的方式。 该做法致力于将供需两端连接，使就业信息和资源更为透明，有效解决留学生就业渠道少、缺乏平台支持力度的问题。

3.完善来华留学生教育发展的社会基础环境

通过完善法律法规，创造一个适合来华留学生生活学习的社会基础环境，将成为外国留学生来中国求学的吸引点。例如，兼职和实习是几乎所有外国留学生在中国都会遇到的问题，现有的政策规定并不符合外国留学生的需求，因此出现了部分外国留学生打黑工补贴生活费的问题，存在滞后性。政府部门应详细规定外国留学生在华兼职、实习的劳动保障，将工作时间和最低工资做出具体规定，适当放宽外国留学生可以兼职的工作范围。按照国际惯例，建立必要的国际规范模式，给留学生在生活、学习和兼职就业方面以最放心的保障。

第三节 探索打造、发展留学经济产业链

目前对外国来华留学生管理主要是教育主管部门和高校在负责，内容和职责单一。留学生来源渠道狭窄，且对留学前、留学时和留学后期的很多内容没有涉及，很多有效资源没有充分利用。建议探索打造、发展留学经济产业链。

一、鼓励民营资本进入高校留学生招生领域和中小学游学领域

1.鼓励民营资本进入高校留学生招生领域

目前国内很多高校为了完成招收留学生的任务指标，采取向国外留学中介支付高额服务费的方式招揽生源。国外留学中介水平和服务参差不齐，有些收费贵服务差，出了问题难以沟通和解决，而且中国招收留学生数量大，总体服务费加起来数目可

观，也是导致中国服务贸易逆差的原因之一。 而国内留学中介经过多年发展，有丰富的向国外高校、中学推荐中国留学生的经验，也有零星一些留学中介开始开展针对中国高校招收海外留学生的业务，政府应鼓励民营资本进入高校海外留学生的招生领域，民营企业的介入会大幅提升留学中介的效率，降低成本，为高校和国家节约成本。

2. 推进发达国家学生到中国游学

近年来，越来越多的中国孩子到发达国家去留学，然而来中国留学的发达国家的学生并不多，为了让发达国家更好、更真实、更全面地了解中国，应大力推广针对发达国家学生开展到中国进行假期或短期游学的项目，学生在接触了解的过程中，很可能会产生留学的意愿。 目前有些学校对口开展了交换学习的项目，但数量少，受众面小，影响力低。在路线设计上，除美丽乡村、特色小镇、高铁等常规项目外，应尽可能适应学生个体的多样化的需求，主题可以是代表未来创新的人工智能、大数据、安防、电子商务等，可是艺术类的绘画、雕塑、音乐、舞蹈、摄影，也可以是传统的曲艺、武术、丝绸、茶叶，校际体育比赛的国际赛事也应该成为一个未来重点发展的方向。 在成本控制上，可在全省范围内遴选有适龄学生的 Home Stay 提供免费住宿，学生一对一地进行交流，可以让国外学生更好地了解中国的文化，适应在中国的行程；鼓励企业提供相应资助或冠名比赛，以人工智能为例，可以与人工智能特色小镇合作，选择几家企业参观学习，可以对某一领域或具体问题设置企业冠名的比赛，对相关企业而言，这可以提前发掘专业人才，扩大国际影响力。在市场运作上，可以鼓励民间资本积极介入，市场化的运作可能不需要政府的投入或少量投入即可实现盈利。

二、充分利用留学生在华期间的各项资源

留学生在华留学期间，除了衣食住行、学习、兼职等方面有巨大的商机以外，中国招收留学生的重要目的之一是培养留学生对中国的感情，毕业后能够较好地发挥双方国家之间沟通桥梁纽带的作用。

建议利用在华留学生的规模优势，打造中外文化交流、交融的平台。 建议每年定期举办"合璧"大赛，参赛队伍必须由外国学生和中国学生组成。 举办方给出一些中国和其他国家的部分元素，以中外元素交融合璧为原则，主题可以多样化，如语言文字类的相声和 Rap（说唱音乐），成语或歇后语与俚语的比较，中外字和词的构成拆解和比较，风土人情类习俗和言行举止的组合应用，艺术和设计类中外两种不同元素的融合。 参赛队伍可以自由选择其中一组进行创作，成品可以多种形式呈现，如演讲、设计、表演。 引入国内外网络媒体参与并推广，扩大赛事的国际影响力和参与度。 前期可以在杭州周边乡村试点，条件成熟可以升级为全国性、国际性赛事，并逐步按专业细分，参赛对象也可以从学生拓展到所有人，创新的、具有较大国际影响力的"合璧"赛事有望成为中外文化全方位交流、交融的大平台。

针对留学生兼职、就业、创业的需求，可以在留学生、学校、企业之间搭建平台，提供人才供求信息发布和撮合功能。已经有一些地方针对留学生创业，出台了专门的政策，给予一定的扶持帮助留学生创业。

三、为留学后期开展双边社会、经济、文化等交流提供便利

按目前的数据，大部分留学生毕业以后选择回国就业，其中

有相当一部分会从事与中国相关的工作，这些毕业回国的留学生是宝贵的资源，随着时间的推移，他们可能会有更多的机会和更强的能力在双边政治、经济、文化交流中发挥作用。

　　浙江工商大学的国际贸易专业始建于 1989 年，学校是省内最先开设国际贸易专业的三所院校之一，1993 年获准设立国际贸易本科专业，2005 年获批国际贸易硕士学位授予权，2011 年国际贸易系新增专业硕士类的商务硕士方向，2012 年国际贸易专业获准设立博士学位点，已经形成了从本科到硕士、博士研究生完整的人才培养体系。

　　经过 20 多年的努力，浙江工商大学国际贸易专业在师资队伍建设、教学体系完善、科学研究等方面取得了长足的发展，专业和学科建设取得显著成效。专业的教学积累深厚，教学基础良好，以教学成果及科研成果衡量的专业发展水平稳居全省前茅。

第八章
教师团队

　　所有的教学都必须依靠老师来完成，而国际贸易专业不仅理论性强，对实践性的要求也非常高。 教学团队建设是搞好国际贸易专业建设和课程建设的关键，是提升教学水平和教育质量，提高师资队伍建设水平的重要保证。

第一节　教师团队建设内容

一、教学团队建设目标与思路

1. 培育团队精神,使之成为教学研究和改革的实践者

　　教师在教学过程中，要不断地进行教学研究、教学改革和教学创新。 在一个系的集体中，各个任课教师虽然有自己不同的教学课程和研究方向，但面对相同的学生和一样的专业，需要进

行广泛而深入的交流合作，通过广泛的教学研究与改革，全面提升团队成员的教学能力与水平。

2. 完善团队运行机制以提高教学质量

在国际贸易系一级的组织模式下，课程标准、教学计划、教学内容可以自行制订，因此有必要在教学团队的建设中，建立基于合作的组织结构，强调合作与共享，教学团队的建设是一个对人才资源、教学资源整合优化配置的过程。在教学团队的制度建设中，要强化制度所具有的促进教师合作与发展的功能，让团队成员在教学技能、教学经验、教研能力方面，可以实现优势互补。

3. 突出人才培养中心地位

浙江工商大学国际贸易专业作为浙江省优势专业，是学校"大商科"人才培养体系的核心专业，国际贸易专业的定位是学校"大商科"专业体系的核心组成部分，省内外知名国际经贸人才培养基地。

与省内多数同类院校相比，浙江工商大学的国际贸易专业具有更大的学科优势，依托本校应用经济学一级学科博士点，设立了国际贸易二级博士学位点，形成了从本科、硕士到博士完整的人才培养体系，在侧重本科应用性知识和技能培养的同时，也注重培养学生研究性学习的能力，进一步锻炼和提高学生未来在工作中发现问题、分析问题和解决问题的能力。

国际贸易专业的人才培养面向外经贸企业、机关事业单位中的商务部门、相关研究机构。培养适应社会主义市场经济需要，德智体美全面发展，具备经济、管理、法律及相关学科知识和能力，掌握国际贸易理论和国际经济规则，具有国际视野和创新精神，具备解决国际贸易实际问题能力，能在涉外企事业单位及政府部门从事国际经贸业务及相关的管理、研究、教学等工作的复合型高级专门人才。

"应用型、复合型、创新型人才培养目标"是所有教学活动组织的出发点，从课程体系设置、教学方法选择应用到实验实践环节配备，无一不是。

4. 加强国际合作，打造国际化特色

国际贸易在实践中已经有几百年的历史，各国形成了相对固定的操作方法，相关国际惯例也比较成熟。加强国际合作，不仅可以充分借鉴发达国家高校的相关经验，也让学生开阔视野，培养多元化思维，在国际贸易领域有更深入的认识和理解。国际化特色主要通过英文授课、教师出国进修、学生出国交流等方式体现出来。另外，通过短期聘任等方式邀请国外著名大学的专家教授来校开展课程教学，有效地增强了学生的国际化视野。"十二五"期间国际贸易专业成功在"中国商务"方向硕士层面率先在全校招收外国留学生，为今后本科层面外国留学生的招生奠定了基础。

二、教学团队建设内容

1. 建设一支德才兼备的优秀教学团队

通过重点引进与自主培养相结合，参考国内著名大学的发展经验，重点引进具有海外学习、特别是具有国外高校教学科研或者创业经验的具有海外博士学位的海归教师以充实教学管理队伍，同时跨行业挖掘具有丰富实践经验的行家里手以充实国际贸易实践类课程的教学力量。

鼓励专任教师国外访学开拓师资国际视野。 通过教育部留学基金和浙江工商大学"蓝天计划",截至 2017 年共计有 11 位教师赴美国、英国、加拿大、日本、中国香港、澳大利亚等地的高水平大学进修访学。 此外,学院新引进教师中有多位教师有海外学习经历,这不断优化学院的教师结构,为专业的人才培养国际化探索提供了有效保障。

鼓励和支持硕士学位专业教师继续攻读博士学位,在授课和教学考核等方面给予相应的安排。 目前在职的教师中,有 3 人已经在职取得博士学位,另有 3 人仍在在职攻读博士学位。

2. 打造精品化高水平教学体系

构建国际贸易精品课程群。 以国家级精品课程和国家级精品资源共享课"国际贸易实务"为核心,与校级精品课程"国际贸易""国际贸易模拟实验",校级在线课程"国际商务"一起构成了国际贸易专业的精品课程群。 有效实现了对教学内容和教学手段的系统优化,较好地解决了不同课程之间的矛盾,从而保证国际贸易专业课程教学的高质量。 不仅培养学生专业的技能,也培养学生的变通能力,做到举一反三、触类旁通。

3. 完善制度教师为教学能力提升提供支撑

由国际贸易系全体教师在广泛调查社会、经济和科技发展对人才的要求,论证专业培养目标和业务范围的基础上,提出专业制订或修订教学计划的实施意见及要求;并主持制订教学计划方案,对专业培养目标、基本要求、课程设置(含课程性质、类型、学时或学分分配、教学方式、开课时间、实践环节安排等)、教学进程总体安排进行详细认证,经院务委员会讨论审议通过后形成文件。

根据学院的《教学质量评估评价办法》，通过科学的评价，分析教学质量，建立通畅的信息反馈网络。 通过问卷调查、抽查作业、考试成绩分析、召开座谈会、检查性听课等方式，对各教学环节进行经常性检查，了解教学情况，并加强教学信息反馈过程的管理。

推行教学工作督导制。 选择一批有丰富教学经验、工作认真负责的教师组成教学工作督导组织，进行经常性的教学工作督促和引导，及时提供质量信息，为教学工作决策提供意见。

贯彻落实学校、学院听课制度。 系主任、新进教师等人员都定期深入课堂听课（包括实验、实习课），全面了解教师授课与学生学习的情况，及时解决存在的问题。 教研室等教学基层组织应组织教师相互听课，观摩教学。

重视教学信息的采集、统计和管理。 教学信息主要内容包括：教师教学情况、学生学习情况、教学资源与利用情况、教学管理与服务情况、毕业生质量与社会评价情况等。

4. 多种举措为教师水平提升提供助力

注重培训，提高教学水平。 通过举办新入职教师教学基本技能培训，邀请教学名师开设"教学方法与教学技巧""教师专业能力发展规划""多媒体使用方法与技巧""教学反思与教学设计"等专题讲座，帮助新入职教师尽快掌握教学基本技能、方法和技巧，培养青年教师教学语言运用能力和教学设计能力。 针对教师所关心的问题，组织专题报告会、研讨会和经验交流会。推进教师培训工作的常态化、制度化。

注重交流，搭建沟通平台。 不定期举行教学工作专题研讨会。 通过主题报告、相互讨论，吸引青年教师对这些问题的重视和思考，交流了创新教学方法的一些思路和经验。为进一步探索和实践打下了一定的基础。针对教学过程中遇到的热点和难点问题，组织教师进行教学研究和改革试点，并对优秀成果和成功经验组织宣传和逐步推广。

实行专家跟踪听课制。根据专业教师，特别是青年教师的情况重点安排听课，每学期随机抽查专业教师上课情况（随堂听课）至少3次，并认真总结，及时发现问题，对专业教师课堂教学进行指导、点评和综合评价。

实行教学团队集体指导制。结合学科团队建设，以课程为纽带，充分发挥教学团队的指导、培养作用，采用"讲、说、听、评"的形式对青年教师的教学能力进行评价，这是提升青年教师教学能力的最直接、最具体、最有效的方法和手段。

实行课程负责人制，根据老师的研究兴趣和授课专长，基本每个老师都认领了相关课程的负责人。各位老师对自己负责的课程撰写教学大纲，组织协调其他老师一起探讨研究，不断改进课程教学内容和课程教学方法，并撰写相关课程的改革研究论文，申报相关教改课题，条件成熟时编撰教材。

5. 重点帮扶为青年教师水平提升提供依托

实行青年教师导师制。为每一位青年教师选聘一名教学指导教师，对青年教师的教学能力进行指导和培养。指导教师根据青年教师的工作需要和具体情况制订培养计划；对青年教师的各个教学环节（包括备课、编写教案、讲课、辅导、答疑、批改作业、带实验等）的教学工作进行具体指导。

实行青年教师助教制。没有安排上课的青年教师须在导师指导下从事助教工作。青年教师要按照导师的要求，完成好一门课程的全程助教任务，承担该门课程的辅导、答疑、批改作业、组织课堂讨论、指导实验等工作。 本学期有课的青年教师须进行观摩听课，所听课程可以是导师开设的课程或相关专业课程，听课门数不少于 2 门，听课时间不少于 10 学时，听课时应做好听课记录。

6.强大的学科支撑和科研实力引领教研相长

浙江工商大学的国际贸易专业开设在经济学院，从专业性质上讲国际贸易专业隶属于应用经济学一级学科，而省内领先的应用经济学学科发展水平也为国际贸易专业的教学与科研提供了厚实的平台支撑。 全国第 3 轮学科评估的数据显示浙江工商大学的应用经济学列全国第 30 名，为浙江省属高校第 1 名。 这个学科的专业教师在过去 10 多年中获得浙江省哲学社会科学研究成果一等奖 5 次，在《中国社会科学》《经济研究》《世界经济》等国内外经济学顶级期刊上发表标志性论文 100 多篇。 由于一级学科平台的强力支撑，国际贸易系的教学与科研能够做到教研相长。

第二节 教师团队建设成果

一、师资队伍结构逐步优化

在国际贸易专业的师资建设方面，强调"走出去，引进来"的建设路径，通过自己培养以及外部引进相结合，使得整个师资队伍学历、职称、年龄、学缘结构更趋于合理。 截至 2018 年上半年，国际贸易系共有专任教师 21 名，教师队伍的结构详见表 8-1。

表 8-1　国际贸易系教师队伍结构

年龄段（人）	人数（人）	职称	人数（人）	学位	人数（人）
＞50	5	教授	7	博士	14
40—50	10	副教授	9	硕士	6
＜40	6	讲师	5	学士	1

这是一支老中青比例协调、学历层次与人才层次高、职称结构合理、学缘分布广泛的高质量师资队伍，科研力量强、教学水平高，有利于本专业的后续发展。

在总数 21 人的师资队伍中，有浙江省"钱江学者"特聘教授 1 人，博士生导师 2 人，硕士生导师 16 人，"浙江省 151 第二层次培养对象" 2 人，浙江省中青年学科带头人 2 人，浙江省优秀教师 1 人，省级教学名师 1 名，省级教坛新秀 1 名；校级教学名师 2 名，校优秀教师 2 名，16 名教师具有副教授以上职称，占比超过 80％，师资力量在省内同类高校同类专业中名列前茅。师资队伍中 80％以上具有海外学习和培训经历，教师普遍具有国际化视野，能够紧跟国内外专业发展前沿。教师队伍的数量增长和结构优化支撑了办学规模的需要，支撑了本科和研究生人才培养发展的需要，提升了科研持续快速发展的速度，提升了创新能力和社会服务能力。

二、教学成果丰富

通过常态化的教学研讨机制，积极推进课程教学内容与教学方法改革。国际贸易专业教师积极参与教学研究、课程教学范式改革等教改活动，教师参与教学改革研究的比例超过 60％。积极广泛的参与，使国际贸易系取得了丰富的教学成果见表 8-2 至表 8-4。

表 8-2　近年来国际贸易系承担的主要教学研究项目

序号	项目名称	级别	立项时间
1	"外贸企业创业与运作"开放互交式教学模式研究	省级	2016 年
2	国际贸易实务课程课堂教学改革探索	省级	2015 年
3	国际贸易课程二十年教学经验总结与教学方法再创新	校级	2017 年
4	国际经济学案例研究课改革实践	校级	2017 年
5	国际商务精讲精练在线开放课程创新研究	校级	2017 年
6	"无领导小组讨论"在国际商务模拟谈判中的应用	校级	2017 年
7	文化与"国际贸易实务"教学改革	校级	2017 年
8	基于网络数据的计量经济课堂教学创新	校级	2017 年
9	"外贸企业创业与运作"开放交互式教学模式研究	校级	2015 年
10	翻转课堂教学模式在"国际商务谈判"课程中的应用与实践	校级	2016 年
11	创业研究、创业教学、创业实践的联动机制:"众创"背景下商科类创新创业教育体系研究	校级	2016 年
12	经济学常用软件应用教学创新	校级	2015 年
13	国际贸易实务课程课堂教学改革探索	校级	2013 年

表 8-3　近年来国际贸易系课程建设成绩

序号	课程名称	课程建设成绩	获准时间
1	国际贸易实务	国家级精品课程	2011 年
2	国际贸易实务	国家级精品资源共享课	2016 年
3	国际商务	校级在线课程	2018 年
4	国际贸易	校级精品课程	2008 年
5	国际贸易模拟实验	校级精品课程	2009 年
6	外贸企业创业与运作	校级精品课程预选课程	2012 年
7	国际企业管理	校级精品课程预选课程	2012 年

表 8-4　近年来国际贸易系主要教学成果奖

序号	获奖项目名称	级别	获奖时间	授予单位
1	以点带面、上下联动、内外结合——依托大商科优势培养创业人才的探索,省级教学成果	二等奖	2016 年	浙江省教育厅
2	外贸创业的形式,首届创新创业课程微课教学比赛	二等奖	2017 年	浙江省高校创业学院联盟
3	互联网背景下全校性创业教育体系构建的实践探索	一等奖	2015 年	浙江工商大学
4	浙江工商大学第九届青年教师技能大赛	一等奖	2016 年	浙江工商大学
5	浙江省第九届青年教师技能大赛	三等奖	2016 年	浙江省教育厅
6	浙江工商大学第六届青年教师技能大赛	二等奖	2010 年	浙江工商大学
7	浙江工商大学第六届青年教师技能大赛	二等奖	2010 年	浙江工商大学

　　近几年来,本专业教师在课程建设、教学项目研究、教学成果方面取得了长足的发展,为国际贸易专业学生培养质量的不断提升奠定了坚实的基础。

第九章
学科建设

学科是体现一所大学学术地位、办学特色和核心竞争力的重要标志。学科作为大学基本的学术组织单元，影响着教学、科研、学术队伍等诸多环节，是学校各项工作有效运行的良好保障。同时，学科发展水平又反映了学校的办学水平、整体实力和社会影响力。

第一节　学科建设和发展的历史

学科建设是创建高水平大学的基础工程。

浙江工商大学的国际贸易专业的学科建设，从国际贸易本科专业起步，其后逐步获批国际贸易学术硕士点、国际商务专业硕士点、国际贸易博士学位点，在国际贸易学科已经形成了从本科到硕士、博士研究生的完整人才培养体系。

一、学科建设和发展的历史

(一)国际贸易本科专业

浙江工商大学的国际贸易专业始建于 1989 年，是省内最先开设国际贸易专业的三所院校之一。 经过 20 多年的努力，在师资队伍建设、教学体系的完善、科学研究等方面取得了长足的发展，形成了从本科到研究生的完整培养体系，是浙江省培养对外经济贸易人才的重要基地。 多年来国际贸易系为省内外民营中小企业培养了众多熟悉国际经贸规则，精通中小企业国际化经营语境下进出口实务的全过程操作，具有创新、创业精神的应用型人才，学生的就业率一直保持在全校前列，且近年来学生的自主创业绩效日益显现。 国际贸易本科专业主要建设类项目见表 9-1。

表 9-1　国际贸易本科专业主要建设类项目

序号	专业建设项目类型	级别	设立时间
1	"文科综合实验教学中心"被批准为国家级实验教学示范中心	国家级	2009 年
2	浙江省重点建设专业	省级	2003 年
3	浙江省"十二五"优势专业	省级	2011 年
4	浙江省"十三五"优势专业	省级	2016 年

得益于几代国际贸易专任教师的共同努力，浙江工商大学（包括前身杭州商学院）的国际贸易本科专业在人才培养、教学研究、科研方面有深厚的积累，学生毕业后在社会上有较好的口碑和较高的知名度，为后期硕士点的申报奠定了良好的基础。

（二）国际贸易学硕士学位点

国际贸易学是 2003 年国务院学位委员会批准的二级硕士学位授予点，设在经济学院国际贸易系。目前，国际贸易学学科已经建设为浙江省优势学科。

学位点现有 2 个研究方向。

①国际贸易理论与政策方向。研究国际贸易理论与政策前沿、价值链贸易、贸易便利化、收入分配、碳关税、跨境电子商务等问题。运用计量经济模型、计算机工具分析和解释现实中的国际贸易问题，为贸易政策提供决策支持。

②国际金融与投资方向。研究国际金融与投资理论前沿，绿色金融、融资约束、FDI 和 OFDI 等问题。运用计量经济模型、计算机工具分析和解释现实中的国际金融与投资问题，提供决策支持。

近年来，本学科紧跟国际贸易学前沿，密切结合社会经济发展开展研究工作，科研积累丰厚，学科教师在《经济研究》《世界经济》等国内外重要刊物发表研究论文 70 余篇，多篇被人大复印资料转载，出版著作 10 多部，主持完成国家级、省部级项目80 余项，多项成果获得省级、厅级以上批示。在国际贸易学术硕士的人才培养方面努力探索，为后期申报国际贸易博士点打下扎实的基础。

（三）国际商务专业硕士学位点

国际商务是 2010 年国务院学位委员会首批批准的专业硕士学位授予点，学制 2 年，现设在经济学院国际贸易系。目前，国际商务所隶属的应用经济学学科为浙江省 A 类重点建设学科。

近年来，本学科紧跟国际经济学前沿，密切联系我国对外开放的新实践开展研究工作，学术成果丰富，第一志愿报考比例逐年提升。

学位点现有 2 个研究方向。

①国际企业战略管理

②国际贸易、国际金融理论与实务

国际商务专业硕士开设国际贸易政策、国际贸易实务专题、国际金融实务、国际投资与跨国企业管理、国际商务、国际商法、国际财务管理、国际投资等专业必修课及选修课，特别注重培养学生解决实际问题的能力，注重与国际商务类职业资格考试等相关从业资格考试的衔接。

(四)国际贸易博士学位点

浙江工商大学国际贸易学硕士点是浙江省设置最早的学科之一，是应用经济学一级博士点下的一个重要二级学科，国际贸易专业是浙江省重点专业，依托教育部省部共建高校人文社科重点研究基地——浙江工商大学现代商贸研究中心，经 20 余年持续研究，形成了良好的研究基础和团队优势。

培养目标：培养德才兼备、善于创新、基础宽厚、专业扎实、具有独立从事科研或教学的能力，在国际贸易研究领域中力争做出有一定独特见解的科研成果的高级专门人才。

本博士点设在经济学院，下设 3 个研究方向。

（1）国际贸易理论与政策

通过运用国际经济学和现代经济分析方法，侧重于研究全球化背景下的国际贸易理论，深入研究国际贸易政策与策略，探讨中国对外贸易的宏观及微观组织结构及其运作机制，探讨外贸体制与制度创新。注重理论探索，强调交叉学科的渗透应用。

（2）国际金融与投资

通过运用国际经济学理论、现代经济学分析方法，侧重研究在贸易投资一体化背景下的国际金融理论、国际贸易理论与国际资本运作原理，力图解析国际金融、国际贸易与投资的体系和运作模式，深入探讨中国金融、贸易与投资的运作机制与策略。注重理论探索与实证分析相结合的应用性研究。

（3）新兴经济体国家发展及经贸合作

侧重运用现代经济学理论与研究方法研究新兴经济体，特别是金砖国家的经济改革与经济发展问题，在此基础上研究新兴经济体国家之间的经贸合作机制、合作模式等问题。此外，还注重对制度机制的设计、发达国家经济发展经验、发达国家和新兴经济体经贸关系等方面问题的研究。

国际贸易博士点的主要优势：①研究背景优势。浙江省内外贸发达，贸易与产业发展的良性互动，浙商的创新创业精神，等等，均是学科研究取之不竭的源泉，浙江成为中国特色贸易经济学科形成的一方沃土。②学科交叉和综合优势。在应用经济学一级学科下，本培养方向既能受到基础理论研究的支持，也与区域经济、经济统计学科等互相促进，如统计学科的"中国义乌小商品指数"就是学科合作的产物。③研究团队优势。多年来，以现代商贸研究中心为依托，集聚了具有30多人的内外贸研究队伍，其中有浙江省重点创新团队，形成了贸易经济基础理论、专业市场、流通产业管制、零售创新等若干个紧密合作型研究团队。

国际贸易博士点培养方向形成了自己的特色：①内外贸研究相结合。根据改革开放和内外贸一体化的趋势，采取理论与实证相结合的研究方法，从内外贸的结构演进、跨国投资与内外贸关系等角度，综合研究内外贸发展的规律、全球供应链整合等问题。②构建现代贸易经济理论。针对我国贸易经济理论基础薄弱的现状，致力于现代商贸理论的构建，我校教师出版了《市场的本质》《中国流通产业运行问题——基于产业组织及其制度的基础理论考察》等高水平专著，现代商贸研究中心组织出版了《现代商贸研究》《流通理论与实践》两大系列丛书，形成了较大的学术影响。③商贸发展现实问题研究。对浙江商贸经济发展中的现实问题和典型案例进行了较为深入的研究，并积极为北京、石家庄、义乌等地的各级政府以及大型专业市场、大型零售企业提供研究咨询服务，横向课题经费五年总计 300 多万元，在流通业界和学术界有较大影响。

二、学科建设和发展的主要举措

(一)保障课程教学质量的持续改进

1. 不断完善培养计划管理

由学科团队在广泛调查社会、经济和科技发展对人才的要求，论证专业培养目标和业务范围的基础上，提出专业制订或修订培养方案的实施意见及要求；并主持制订培养方案，对专业培养目标、基本要求，修业年限与学位授予，课程设置（含课程性质、类型、学时或学分分配、教学方式、开课时间、实践环节安排等），教学进程总体安排进行详细认证，经学位委员会讨论审议通过后施行。教学计划保持相对稳定，并根据需要，每年进行一次微调。

2. 加强课程教学运行管理

一是理论教学和研讨式教学过程的运行管理，要贯彻教学相长的原则，发挥教师的主导作用和学生的主体作用。教师积极做好课堂教学、研讨答疑、实验、实习等相关任务。

二是教学管理部门的教学行政管理，制订教学工作制度的规程，对课程教学、实验教学、实习教学、学位论文等培养环节提出要求，并认真组织实施。施行了研究生课程教学学生评分制度，根据研究生反馈意见，及时调整和完善相关课程安排。

3. 采取多元化的课程教学制度

结合研究生培养目标和研究生教学规律，在博士和硕士研究生课程教学过程中，采取了外聘知名专家授课、学术讲座、学术论坛与课程教学相结合的多种形式，大大拓宽了研究生的理论视野，提升了研究生积极投身于学术研究的热情和兴趣。

(二)严格把握导师队伍的质量

导师队伍是研究生培养的主要人才支撑，学位点在选聘博士生和硕士生导师过程中，严格执行上级有关部门的规定和学校的有关政策。目前，国际贸易博士学位点共有博士生导师 2 名，均为正高职称。国际贸易、国际商务硕士点共有硕士生校内导师16 名，均具有副高职称。在博士生导师选聘过程中，采用省内外专家匿名评审的制度，所选聘的导师均具有很好的学术造诣，对研究生指导工作认真负责。

对博士、硕士研究生导师实行动态遴选制度。严格依据《浙江工商大学博士生指导教师选聘工作管理办法》（浙商大研〔2013〕275 号）、《浙江工商大学硕士研究生指导教师资格和上岗条件的规定》（浙商大研〔2013〕274 号）每两年对博士、硕士研究生导师进行动态遴选，对达不到研究生导师考核要求的导师，暂停其招生资格。这一制度的施行，从根本上激励了研究生导师加大学术研究和学术创新的投入，确保了导师队伍的总体水平。 根据近两轮遴选结果，所有导师均达到了相关要求。

为不断提高研究生导师的学术水平，采取多种举措鼓励导师参加国内外进修、交流和培训。 学位点鼓励导师赴海外高水平大学进修访学，通过教育部留学基金和浙江工商大学"蓝天计划"，截至 2017 年学位点共计有 10 多位教师赴美国、英国、加拿大、澳大利亚等国家做访问学者。 此外，学位点新引进导师中有多位教师有海外学习经历，这不断优化了学位点的教师结构，为研究生人才培养提供了有效保障。

另外，对新选聘导师实行导师组制度。 鉴于新选聘导师对指导研究生经验不足的现实，在学位点内部根据研究方向和研究兴趣，由富有经验的研究生导师和新选聘导师组建导师指导小组，小组内部的导师在年龄结构、专业结构和知识结构方面实现了优势互补，进一步提高了研究生指导质量。

(三)保证学位论文质量

学位论文质量是研究生培养质量的重要体现。 学位点在导师队伍选聘、动态遴选和导师队伍培训等方面的举措为这一工作奠定了坚实的基础。 为不断提高学位质量，学位点还在组织保障、过程管理、论文审核等方面采取了多种举措。

①在组织保障上，成立了学位论文工作领导小组，具体负责本专业学位论文组织和实施工作。 在工作开展上，制订了详尽的学位论文工作计划并予以具体落实，从下达学位论文任务、选题、开题、中期检查一直到毕业论文预答辩、外审评阅、答辩和成绩评定，按照时间节点，有序地开展学位论文各项工作。

②在过程管理上，按照论文进度，实行动态监管。 在根据学校统一安排指导研究生及时完成相关任务的同时，由导师负主要责任，由相关导师组成学位论文抽检小组对相关研究生论文的写作进

展进行动态抽查。 对研究生在写作中存在的相关难题给予及时的指导和帮助,对态度懈怠的研究生给予及时的督促和教育。

　　③在论文审核方面,学校出台了《浙江工商大学关于印发硕士、博士学位授予工作细则的通知》(浙商大研〔2012〕106号),对博士学位论文和硕士学位论文均实行匿名送审制度。根据近5年送审结果,每年均有一定数量的学位论文无法通过外审,进入修改和补答辩环节,也有个别研究生无法达到毕业要求。 学院实现了更为严格的淘汰机制,在开题和预答辩过程中,组织专家团队进行严格审核,对于达不到相关要求的研究生,要求20%的比例不予通过,进行二次开题、预答辩;二次开题、预答辩不合格者将延期毕业。 这一制度的严格执行,对研究生培养和学位论文质量提供了重要的制度保障。

第二节　学科建设和发展的成绩

　　通过20多年在教学和科研方面的努力和积累,国际贸易学科完成了从本科到硕士再到博士学位点的全覆盖,国际商务专业硕士也在没有本科支撑的情况下取得了突破,学科建设和发展的成绩丰硕。

　　国际贸易、国际商务学科的专业教师积极从事科研创造,取得可喜成果。 近年来,专业教师承担了国家自然、国家社科基金4项,其中1项重点课题,承担省部级项目20多项,在《经济研究》《世界经济》《中国工业经济》《国际贸易问题》等一级以上期刊上发表论文50余篇,出版专著10余本。 具体项目、论文和专著情况见表9-2至表9-4:

表 9-2　近年来国际贸易、国际商务学科承担高层次(省部级以上)纵向科研项目

序号	项目名称	项目来源	立项时间
1	全球价值链中我国企业创新型市场势力提升研究:基于反纵向控制视角	国家自然科学基金	2010 年
2	空间匹配、知识密集型服务业集聚与创新型城市形成机理研究及政策效应评估	国家自然科学基金	2017 年
3	中国发展模式的本质特征和独特竞争力研究	国家社会科学基金	2013 年
4	我国互联网平台型企业市场势力的形成、影响及其规制研究	国家社会科学基金重点	2017 年
5	区域异质性约束下基础设施影响出口贸易技术含量升级的理论和实证研究	教育部人文社科项目	2012 年
6	大型网络零售商市场势力及其规制研究	教育部人文社科项目	2013 年
7	知识密集型服务业与城市产业效率增进:基于产业空间匹配视角的机理与实证	教育部人文社科项目	2014 年
8	本土民营跨国公司的培育和监管:以浙江为例	教育部人文社科项目	2016 年
9	国内外市场一体化中的流通产业国际竞争力提升研究	教育部人文社科项目	2017 年
10	中国省域碳排放权的初始分配及其政策模拟:基于三种碳排放责任界定原则下的评估与比较	教育部人文社科项目	2017 年
11	中国与"一带一路"沿线国家构建自贸网络的路径和模式研究——基于全球价值链视角	教育部人文社科项目	2017 年
12	中国东中西部高碳产业对外贸易环境效应比较研究	浙江省自然科学基金	2011 年 10 月 1 日至 2013 年 12 月 1 日
13	异质性企业下基础设施、出口品技术含量与产业升级的传导机制:理论与实证	浙江省自然科学基金	2012 年

序号	项目名称	项目来源	立项时间
14	基于东道国国家风险效应的 OFDI 地区分布研究:以浙江对外直接投资为例	浙江省自然科学基金	2012 年
15	浙江省城乡接合部环境污染跨域转移与农村经济治理对策研究	浙江省科技计划项目	2011 年
16	浙江海洋产业集聚与浙商涉海投资反哺对接研究	浙江省社会科学基金	2012 年
17	基础设施与浙商出口产品技术含量升级——基于企业异质性视角的研究	浙江省社会科学基金	2012 年
18	基于企业家才能拓展的动态比较优势增进研究	浙江省社会科学基金	2013 年
19	产业异质性、空间匹配与浙江产业升级:KIS－制造业协同集聚引领的机理分析及对策建议	浙江省自然科学基金	2014 年
20	主导网络零售企业市场势力规制研究	浙江省自然科学基金	2014 年
21	电商发展、进入成本冲击与宏观经济动态性:一个基于 DSGE 模型分析	浙江省自然科学基金	2017 年
22	要素市场扭曲背景下对外直接投资的产能过剩治理效应研究	浙江省自然科学基金	2017 年
23	产业集聚与地区生产率增进:机理分析及中国典型区域实证	浙江省社会科学基金	2012 年
24	产业集群对浙江制造业民营企业集团的治理机制:理论与实证研究	浙江省社会科学基金	2012 年
25	几圈式对外投资、价值链贸易与浙江民营企业转型发展	浙江省社会科学基金	2013 年
26	浙江省碳排放空间转移效应的测量及减排政策的绩效模拟	浙江省社会科学基金	2016 年
27	浙江经济效率、分配公平与社会稳定的协调性测度与预警研究	浙江省科技计划项目	2012 年

续　表

序号	项目名称	项目来源	立项时间
28	浙江省义乌市国际贸易综合改革试点绩效评价与政策建议	浙江省科技计划项目	2013 年
29	深化义乌国际贸易综合改革战略研究	浙江省科技计划项目	2016 年
30	开展高校生态农业发展经验与政策课题研究	农业部	2015 年
31	基于追溯系统的农产品质量安全监管机制研究	农业部软科学	2015 年

表 9-3　近年来国际贸易、国际商务学科发表的高层次论文

序号	论文题目	刊物名称	发表日期	级别
1	基于空间视角的中国对外直接投资的影响因素与贸易效应研究	国际贸易问题	2011 年 6 月	一级
2	后危机时代我国区域出口贸易战略的调整——基于东中西三大区域面板模型的分析	经济地理	2011 年 4 月	一级
3	中国东中西部出口贸易环境效应比较分析——基于低碳发展的视角	国际贸易问题	2011 年 6 月	一级
4	环境规制、技术进步与出口贸易扩张——基于我国 28 个工业大类 VAR 模型的脉冲响应与方差分解	国际贸易问题	2011 年 12 月	一级
5	社会资本影响农民收入水平吗——基于关系网络、信任与和谐视角的实证分析	经济学家	2011 年 9 月	一级
6	产业关联视角的 FDI 出口溢出效应：分析与实证	国际贸易问题	2012 年 2 月	一级
7	中国出口品技术含量测度及其差异分析——基于产品内贸易分类的跨国数据	国际贸易问题	2012 年 7 月	一级
8	厂商市场势力动态创新的双维路径	学术月刊	2012 年 10 月	一级
9	工业化、城镇化在农业现代化进程中的门槛效应研究	农业经济问题	2012 年 4 月	一级
10	出口商品结构变化对经济增长的门限效应：浙江省与全国的对比研究	国际贸易问题	2012 年 9 月	一级

续　表

序号	论文题目	刊物名称	发表日期	级别
11	中俄能源产业合作的经济效应实证研究	国际贸易问题	2012 年 12 月	一级
12	不同粘性条件下金融加速器效应的经验研究	经济研究	2012 年 10 月	特级
13	中国贸易型对外直接投资的方式选择——基于交易治理与集聚理论的研究	国际贸易问题	2013 年 2 月	一级
14	中美两国影视产业国际竞争力的比较研究——基于全球价值链视角	国际贸易问题	2013 年 1 月	一级
15	资源和谐匹配与农户生产效率提升——基于中国省际面板数据的实证分析	商业经济与管理	2013 年 4 月	一级
16	中国环境规制的出口效应及其行业差异	商业经济与管理	2013 年 5 月	一级
17	网络基础设施与制造业出口产品技术含量——跨国数据的动态面板系统 GMM 检验	中国工业经济	2013 年 2 月	一级
18	我国上市公司跨国并购财务绩效的影响因素分析	国际贸易问题	2013 年 8 月	一级
19	工业设计、ODM 与我国出口产品价值提升:作用机理与实证检验	国际贸易问题	2013 年 1 月	一级
20	金砖国家能源合作机理及政策路径分析	经济社会体制比较	2013 年 1 月	一级
21	中国承接离岸外包的影响因素:实证分析与比较研究	管理世界	2013 年 4 月	特级
22	基础设施投入对服务贸易结构影响的实证研究——来自跨国面板数据的证据	国际贸易问题	2013 年 5 月	一级
23	零售市场中的价格波动与市场势力	中国工业经济	2013 年 10 月	一级
24	汇率的不完全价格传递及政策协调	国际贸易问题	2013 年 11 月	一级
25	宏观视角下的企业家功能配置与经济增长	金融研究	2013 年 12 月	一级
26	KIS 集聚、空间溢出与制造业创新——基于中国 283 个城市面板数据的实证研究	商业经济与管理	2014 年 1 月	一级

续　表

序号	论文题目	刊物名称	发表日期	级别
27	跨国创业导向与国际化绩效：国际市场势力的中介效应	国际贸易问题	2014 年 2 月	一级
28	产业升级与大学生就业能力构成要素实证研究——基于浙江省 327 家企业的问卷调查	中国高教研究	2014 年 5 月	一级
29	商品贸易结构变动对劳动收入份额的影响	数量经济技术经济研究	2014 年 1 月	一级
30	融资约束与异质性企业出口前沿研究述评	国际贸易问题	2014 年 11 月	一级
31	金融发展中的政府干预、资本化进程与经济增长质量	经济学家	2014 年 3 月	一级
32	多重交易对贸易效率与贸易规模的影响——兼论贸易平台对促进内需扩大及外贸发展的作用	商业经济与管理	2014 年 12 月	一级
33	我国生猪价格的周期性波动：实证分析与政策思考	中国畜牧杂志	2015 年 3 月	一级
34	我国生猪目标价格保险试点经验回溯与政策思考	中国畜牧杂志	2015 年 6 月	一级
35	中国农业现代化进程直接影响因素与空间溢出效应	农业经济问题	2015 年 8 月	一级
36	国家文化维度、电影市场信号与票房绩效——基于 HLM 模型的实证分析	国际贸易问题	2015 年 12 月	一级
37	中国纺织工业的区域关联与空间溢出效应	纺织学报	2015 年 3 月	一级
38	中国特色经济发展模式的逻辑演化与多元特征	经济社会体制比较	2016 年 7 月	一级
39	新常态背景下的地缘政治经济学研究——首届地缘政治经济学论坛综述	经济研究	2016 年 1 月	特级
40	现代畜牧业转型升级机制与路径选择	中国畜牧杂志	2016 年 5 月	一级
41	直接影响与空间外溢：中国对非洲农业贸易的多边阻力识别	财贸经济	2016 年 1 月	一级
42	中国对外贸易隐含碳排放余额的测算与责任分担	统计研究	2016 年 8 月	一级
43	中国对外贸易隐含的碳排放与利益：测算与比较	商业经济与管理	2016 年 9 月	一级

序号	论文题目	刊物名称	发表日期	级别
44	契约执行效率影响离岸外包的门限效应研究——基于中国省际面板数据的检验	国际贸易问题	2016 年 11 月	一级
45	不完全契约与国际贸易：一个评述	经济研究	2016 年 1 月	特级
46	价值链贸易、全要素生产率与经济周期的联动——来自世界与中国的经验证据	国际贸易问题	2017 年 8 月	一级
47	中国海洋经济发展时空特征与地理集聚驱动因素	经济地理	2017 年 7 月	一级
48	出口技术复杂度对全要素生产率的影响：跨国经验研究	经济学家	2017 年 4 月	一级
49	Research on Market Competition and the Farmers Efficiency in the Background of Agricultural Internationalization	Proceedings of the International Conference on Mechanical and Electrical Technology	2011 年 8 月	
50	Practical Use of uTradeHub in Korean SMEs	Proceedings of BMEI 2012	2012 年 5 月	
51	An Overview of Sino-Caribbean Relations	The Contemporary Caribbean Issues and Challenges	2013 年 9 月	
52	The Effects of Environmental Factor Productivity on Export and Inductrial Differences	Proceedings of China private Economy Innovation International Forum	2013 年 1 月	
53	Agglomeration Effects on Regional Labor Productivity Growth: Mechanisms and Evidence in China	Journal of Applied Sciences	2013 年 9 月	
54	Do Chinese Exporters Still Need Learning Spillovers from Foreign MNEs?	Eurasia Journal of Mathematics Science and Technology Education	2017 年 8 月	

表 9-4 近年来国际贸易、国际商务学科出版专著

序号	书名	出版社	出版时间
1	中非农业贸易和投资合作：理论基础与实证检验	经济科学出版社	2012 年
2	贸易扩张中的环境规制	经济科学出版社	2012 年
3	义乌：实现从小商品市场到国际贸易中心的历史性跨越——基于贸易便利化视角的研究	经济科学出版社	2012 年
4	中国经济发展战略（2012）调控与战略	知识产权出版社	2012 年
5	世界经济学学科前沿研究报告	经济管理出版社	2013 年
6	农业国际化背景下的农户生产效率研究	中国社会科学出版社	2013 年
7	民营企业集团的形成与治理研究——基于产业集群背景	中国社会科学出版社	2013 年
8	金砖国家发展报告（2013）转型与崛起	社会科学文献出版社	2013 年
9	义乌国际贸易综合改革试点发展报告	经济科学出版社	2014 年
10	金砖国家发展报告（2014）创新与崛起	社会科学文献出版社	2014 年
11	年金资产负债匹配与配置风险研究	浙江工商大学出版社	2015 年
12	异质性约束下基础设施、出口贸易与产业升级	中国社会科学出版社	2015 年
13	中国茶叶价格形成的理论与实证研究	中国农业出版社	2016 年
14	绿色贸易	中国环境出版社	2017 年

这些科研成果的取得，是多年学科建设努力的结果，是以往工作的重要成绩，也将支撑着今后学科往更高层次发展、进步。

主要参考文献

[1] 安占然，朱廷珺.国际商务专业硕士的定位与培养机制创新 [J].财会研究，2015（11）.

[2] 贲圣林，陈雪如.21世纪经济管理精品教材创新创业教育系列创业金融实践 [M].北京：清华大学出版社，2017.

[3] 柴瑜.国际经济与贸易专业教育与创新创业教育融合研究 [J].山东青年，2017（5）.

[4] 陈怡琴.国际商务专业硕士教育的实践性困境与疏解 [J].井冈山大学学报（社会科学版），2015（6）.

[5] 戴东红.来华留学生教育发展探究 [J].学术论坛，2016（4）.

[6] 董泽宇.来华留学教育研究 [M].北京：国家行政学院出版社，2012.

[7] 封小琴.浅议国际贸易专业教学改革 [J].商业文化（上半月），2012（3）.

[8] 高等学校外国留学生教育管理学会.高等学校外国留学生教育管理学会2002年会部分论文及综合分析研究 [M].北京：高等教育出版社，2004.

[9] 郭琳."互联网+"视域下国际贸易专业创新创业教育发展路径研究 [J].东方教育,2017(22).

[10] 郭秀君,田明华,侯方淼.国际商务专业硕士研究生培养的探讨:以北京林业大学为例 [J].中国林业教育,2014(1).

[11] 海洋,王志勇,毕萌.来华留学生教育方法研究 [J].中国成人教育,2015(17).

[12] 贺向民,林凡,张国增.北京高校来华留学生教育研究 [M].北京:北京语言大学出版社,2008.

[13] 洪涓,郝冬雅.国际商务硕士人才培养研究——以北京工业大学国际商务专业为例 [J].教育教学论坛,2014(8).

[14] 侯铁建,刘丽,刘增科.地方院校国际商务专业硕士学位教育前瞻性分析:以徐州师范大学国际商务专业硕士学位工作为例 [J].沈阳农业大学学报(社会科学版),2010(6).

[15] 胡征兵,贾琴琴.来华留学生教育管理方法探究 [J].世界教育信息,2018(4).

[16] 胡征兵,贾琴琴.来华留学生教育现状与对策浅析 [J].世界教育信息,2017(10).

[17] 黄恺.浅谈高校来华留学生教育现状与教育管理工作 [J].商业故事,2016(12).

[18] 蒋彩娜,吴宁谦.跨境电子商务下高校国际贸易专业教学改革 [J].现代商贸工业,2018(4).

[19] 李玢.浅析新时期来华留学生教育管理的"管"与"引" [J].徐州工程学院学报(社会科学版),2018(3).

[20] 李辉,李丹捷,张红梅.应用型本科院校国际贸易专业与创新创业教育相融合的路径探讨 [J].对外经贸,2017(2).

[21] 李瑾.基于"互联网+"背景下国际贸易专业教学改革的研究 [J].当代教育实践与教学研究,2016(8).

［22］ 李孟一.国际商务专业硕士人才培养初探［J］.国际商务（对外经济贸易大学学报），2015（2）.

［23］ 李敏.新时期国际贸易专业教学改革问题探讨［J］.经贸实践，2015（9）.

［24］ 李雨欣，孙莉莉.关于高校创新创业教育课程体系的构建——以国际经济与贸易专业为例［J］.文教资料，2018（7）.

［25］ 刘晗，林颖，包华.搭建中外交流平台助力学校国际化进程——来华留学生教育回顾与展望［J］.化工高等教育，2017（5）.

［26］ 刘辉.来华留学生教育的理念与实践［M］.杭州：浙江大学出版社，2011.

［27］ 陆丹妮.来华留学生教育课程设置研究［J］.教育现代化，2016（36）.

［28］ 彭虹.创新创业视角下应用型高校实践教学体系构建与实施——以国际经济与贸易专业为例［J］.宁波教育学院学报，2017（4）.

［29］ 邵洋洋."一带一路"视野下高校来华留学生教育的思考［J］.大连民族大学学报，2018（1）.

［30］ 佘伯明，李宁.专业与课程一体化教学理论与实践广西经济管理干部学院国际经济与贸易特色专业与课程［M］.大连：东北财经大学出版社，2015.

［31］ 宋庆福，朱颖."双创"背景下创新创业教育路径探索——以国际经济与贸易专业为例［J］.现代商贸工业，2016（34）.

［32］ 宋晓悦.教学实验与实践：关于国际贸易专业教学改革的思考［J］.青年与社会：中外教育研究，2011（7）.

［33］ 汤恒，付锋莉.国际贸易专业教学改革与教材选择——评《国际贸易》［J］.中国教育学刊，2016（10）.

［34］王芳.高职院校国际贸易专业创新创业教育探索①［J］.
现代职业教育，2017（7）.

［35］王虹.专业硕士教学改革实践——以国际商务专业硕士为
例［J］.人力资源管理，2016（6）.

［36］王惠莲.来华留学生教育发展新路径研究［J］.现代商贸
工业，2017（19）.

［37］王万山，黄建军，彭清宁.创新创业型人才培养及教学方
法改革研究［M］.南昌：江西人民出版社，2008.

［38］肖雪.应用型教育国际经济贸易专业教学的改革设计［J］.
山西能源学院学报，2018（1）.

［39］杨红强，齐宏伟.复合型人才与中国当前国际贸易专业教
学改革［J］.中国集体经济（上），2008（1）.

［40］杨继军."一带一路"背景下国际商务硕士培养模式的创
新研究［J］.重庆电子工程职业学院学报，2016（2）.

［41］杨励，刘琳.试论国际商务硕士（MIB）的实践教学体系建
设——基于应用型人才培养模式视角［J］.教育教学论
坛，2015（37）.

［42］章念念.国际贸易专业教学改革的探索与实践［J］.现代
经济信息，2016（2）.

［43］赵亚平.以能力培养为核心的国际贸易专业"教""学"研
究2012［M］.北京：知识产权出版社，2013.

［44］郑刚，马乐."一带一路"战略与来华留学生教育［J］.海
外华文教育动态，2016（12）.

［45］中国高教学会外国留学生教育管理分会.来华留学教育研
究2015［M］.北京：北京语言大学出版社，2015.

［46］朱国华."一带一路"背景下高校来华留学生教育发展策略
研究［J］.淮阴师范学院学报（自然科学版），2018（1）.